一般社団法人 金融検定協会 認定

事業性評価
検定試験模擬問題集
24年度試験版

■ 金融検定協会　編

銀行研修社

はじめに

取引先中小企業は、正常先から経営改善を必要とする要注意先・要管理先まで様々であり、また、置かれた局面や経営課題も多様です。金融当局は検査·監督指針等で、これら取引先中小企業の経営改善・体質強化支援の本格化を要請しており、地域金融機関には、財務内容等の過去の実績や担保や保証に必要以上に依存することなく、企業の事業内容や将来性、強み・弱み及びその業界の状況等を踏まえて取引したり、コンサルティング機能を発揮する事業性評価への取組みが求められています。

金融検定協会主催の「事業性評価検定試験」は、その主要な担い手である営業店の法人担当者や融資担当者等を対象に、例えば、企業を観察しながら実態を正確に分析し、新事業への進出計画や経営改善計画等の検証・支援を行うなど、事業性評価とそれを活用した支援ノウハウの習得度合いを検証できるものとして、昨今、注目を集めるところとなっています。

本書は、この「事業性評価検定試験」の受験対策用に刊行された問題集です。これまで未公表の本試験問題の中から主要な問題を厳選し、また、今後出題の予想される重点分野について新たに模擬問題を補強収載して、これらに適切な解答・解説を収録しましたので、本書を活用することによって、本試験の実際や傾向を知ることができるとともに、ポイントを押さえた効率的な受験学習が可能となります。

「優良企業を発掘」「成長企業を応援」「窮境企業の再生支援」のいずれの場面をとっても、当該企業の事業性評価（理解）は基本的な命題と言えます。本検定試験では、地方創生を支える金融機関職員と専門家の育成を目的としており、その観点から、事業再生目線の問題も多く含まれております。

受験者の皆様が本問題集を十分に活用されることによって、一人でも多くの方が「事業性評価検定試験」に合格され、その成果を日々の業務に活かされることを願ってやみません。

2024年3月

一般社団法人　金融検定協会

◉Contents

目　次

第１章　事業性評価概論

第２章　正常先～要注意先・要管理先の事業性評価

第３章　営業店に求められる事業性評価の実務

<資料>

第1章

事業性評価概論

～学習の手引き（第１章）～

テーマ	80回	81回
序．金融行政の変化と事業性評価		
（１）金融行政の変化と事業性評価		
１．地域金融機関に求められる事業性評価		
（１）人口減少社会・地域経済の疲弊と地域金融機関の課題		
（２）事業性評価ならびに事業性評価に基づく融資	①	②
（３）営業店が行う事業性評価に基づく事業支援	②	①
（４）経営者保証に関するガイドラインの目指すもの	①	②
（５）保証契約時の対応		
（６）経営者保証債務履行請求時の対応		
（７）人口減少社会への対応としての事業承継		①
２．事業性評価実施のための基礎事項		
（１）財務体力・収益力実態把握の基本	③	③
（２）正常先中小企業の事業性評価	①	①
（３）企業ニーズを把握するための事業性評価のアプローチ	①	①
３．事業価値・将来可能性・経営課題の把握		
（１）企業概要の再確認	③	①
（２）取引先の環境分析（ＳＷＯＴ分析）	②	②
（３）事業計画の分析	②	④
（４）資金計画の分析	③	③
（５）分析結果を取引拡大にどう活用するか	①	

※丸数字は出題数。

＜序．金融行政の変化と事業性評価＞

・人口減少社会に入り、事業所数も減少が続いている。厳しい経営環境におかれている地域金融機関。従前からの地域金融機関のビジネスモデルも行き詰まりを見せている中、金融行政も大きな変化を見せている。いわゆる森ペーパー、金融モニタリング基本方針をもとに、事業性評価が求められる状況について理解する。

＜１．地域金融機関に求められる事業性評価＞

・事業性評価、事業性評価に基づく融資とは何かについて、基本的な考え方を理解する。

・また、事業再生がＢ／Ｓ調整型からＰ／Ｌ調整型に比重が移行する中、営業店が行う事業性評価に基づく取引先支援の着眼点や留意点について学習する。

・これまで金融業界で当たり前に取り組んできた金融常識を捨て、新たな金融文化の構築が迫られている「経営者保証に関するガイドライン」。適用要件、保証契約時の対応、保証債務履行請求時の対応など、その概要を学習する。

・比重的には経営者保証ガイドラインに関連する出題が多く、対策学習的には欠かせない分野である。

＜２．事業性評価実施のための基礎事項＞

・「地域金融機関は数字ばかりを見て事業を見ようとしない」という金融庁の指摘があったが、多くの地域金融機関では、「企業の実態数字すら把握できていないのではないか」という疑問がある。化粧されていることの多い中小企業の決算書であるが、財務・収益力の実態を把握する技法を理解する。

・Ｂ／Ｓ・Ｐ／Ｌの関係、粉飾、財務実態の把握の着眼点などについて、理解を深めておきたい。

・専門家によるコンサルティングと金融機関のコンサルティング機能を同一種と誤解されるケースが少なくない。金融機関に期待されるコンサルティング機能とは何か、また、企業のニーズをキャッチするためのポイントは何かを学習する。

＜３．事業価値・将来可能性・経営課題の把握＞

・事業価値を向上させ、将来成長させていくには事業性評価による経営課題の把握が重要である。そのためには、顧客企業の現状を正しく認識する必要がある。企業実態の把握は、(ⅰ)収益力（Ｐ／Ｌ）体力（Ｂ／Ｓ）を把握する、(ⅱ)大きく事業を掴む、(ⅲ)事業の見通しを掴む、という手順を踏むのが一般的である。事業性評価の肝である定性分析に視点を置いて、事業価値・将来可能性・経営課題の把握についてのアプローチを理解する。

・ＳＷＯＴ分析、ファイブ・フォース分析、バリューチェーン分析、ＶＲＩＯ分析など、代表的な経営分析手法に関する出題が頻出している。特に、ＳＷＯＴ分析については、意義・分析表の作成方法だけでなく戦略面への活用方法など、詳しく学習しておくとよい。

第1章の出題

序　金融行政の変化と事業性評価

第1問

事業性評価に取り組む上での基本認識に関する次の記述のうち、最も適切なものを一つ選びなさい。

① ＳＷＯＴ分析は、企業規模や業種を問わず、事業性評価には最も有効な手法である。

② 金融モニタリング基本方針（平成26事務年度）では重要施策の中心項目として次の3点が示されているが、ここでいうビジネスモデルとは、取引先企業のことであり、リスク管理体制の充実とは金融機関のリスク管理体制の充実を指す。

1. ビジネスモデルの中長期的な持続可能性
2. 取引先企業の事業性評価
3. リスク管理体制の充実

③ ヒアリング項目を埋めることで「事業性評価が可能」なように構成されたものがローカルベンチマークである。

④ 「事業性評価に基づく融資」とは、「定量面を検討する必要はなく、お取引の業歴やノウハウ等の事業価値の向上に繋がるような、定性面で判断する」融資を言う。

⑤ 人口減少に加え事業所の減少は、地域経済の疲弊を招くのみならず、地域金融機関の存立すら脅かしかねない。

解答：P.29

1　地域金融機関に求められる事業性評価

第2問

地域金融機関に求められる事業性評価に関する次の記述のうち、最も適切なものを一つ選びなさい。

① 「事業性評価に基づく融資」とは、当該企業の定性面に絞って審査し融資を推し進める手法である。
② 「事業性評価に基づく融資」と異なり、「事業性評価融資」とは特許など知財に着目し、その換金可能性を計測し、これを見合いに融資する手法である。
③　地域金融機関のビジネスモデルはリレーションシップバンキングであるが、「財務諸表の定量情報に基づき、個々の取引採算を重視する」点ではトランザクションバンキングと変わらない。
④ 「知的資産」とは、人材、技術、組織力、顧客とのネットワーク、ブランド等の目に見えない資産のことで、企業の競争力の源泉となるものである。
⑤　平成27事務年度に金融庁が行った取引先アンケートで、取引金融機関を選ぶ理由のトップにあったのは「金利」である。

解答：P.29

第3問

中小・地域金融機関向け総合的監督指針 Ⅱ-5-2-1「顧客企業に対するコンサルティング機能の発揮」に記述されている内容に関する次の記述のうち、最も適切なものを一つ選びなさい。

①　顧客企業の事業拡大や経営改善等に当たっては、まずもって、金融機関が自らの経営の目標や課題を明確に見定め、これを実現・解決するために意欲を持って主体的に取り組んでいくことが重要である。
②　貸付残高が多いなど、顧客企業から主たる相談相手としての役割を期待されている主たる支援機関については、コンサルティング機能をより一層積極的に発揮し、顧客企業が経営課題を認識した上で経営改善、事業再生等に向

けて自助努力できるよう、最大限支援していくことが期待される。

③　金融機関が適切な融資等を実行するために必要な信頼関係の構築が困難な顧客企業（金融機関からの真摯な働きかけにもかかわらず財務内容の正確な開示に向けた誠実な対応が見られない顧客企業、反社会的勢力との関係が疑われる顧客企業など）の場合は、金融機関の財務の健全性や業務の適切な運営の確保の観点を念頭に置きつつ、債権保全の必要性を検討するとともに、必要に応じて、税理士や弁護士等と連携しながら、適切かつ速やかな対応を実施することも考えられる。

④　地域金融機関のコンサルティング機能は、顧客企業との日常的・継続的な関係から得られる各種情報を通じて経営の目標や課題を把握･分析した上で、適切な助言などにより、顧客企業自身の課題認識を深めつつ、主体的な取組みを促し、同時に、当該金融機関の収益極大化のために、最適なソリューションを提案・実行する、と言う形が一般的である。

⑤　これ（中小・地域金融機関向け総合的監督指針 Ⅱ-5-2-1「顧客企業に対するコンサルティング機能の発揮」）は、当局及び地域金融機関、さらには金融機関と協働する支援機関と認識の共有に資するために、本来は、顧客企業の状況や地域金融機関の規模・特性等に応じて種々多様であるコンサルティング機能を包括的に示したものである。

解答：P.30

第4問

事業支援やソリューションの提供に関する次の記述のうち、最も適切なものを一つ選びなさい。

①　中小企業の事業再生に向けて取り組むべき最大の課題は、現在も過去も変わらず、Ｂ／Ｓの改善である。

②　金融機関が事業支援に入るタイミングは、営業店では債務者区分が要注意先になる時である。

③　事業性評価に基づくコンサルティング機能の発揮にあたっては、融資先が自らの経営目標や課題を正確かつ十分に認識できていることが肝となる。

④　融資先の経営目標の実現や経営課題の解決に向けて、いくつか方法を検討する場合、自行（庫組）にとって最も利益のでる方法を軸に考えるべきである。

⑤　ソリューションの提供当初には予期し得なかった外部環境の変化が生じた。この場合、経営改善計画の再策定を急ぐことなく、半年から１年かけてその影響を確認したうえで、時間をかけて取り組むべきである。

解答：P.31

第5問

下記は、ある企業のバランスシートを図式化したものである。アフターコロナを踏まえ､調達の組み合わせとして最も適切なものを一つ選びなさい。なお、当社はコロナ禍においてもわずかながら安定してキャッシュフローを獲得できており、負債Dは、そのキャッシュフローで返済可能な負債である。※雑資産、雑負債は無視する。

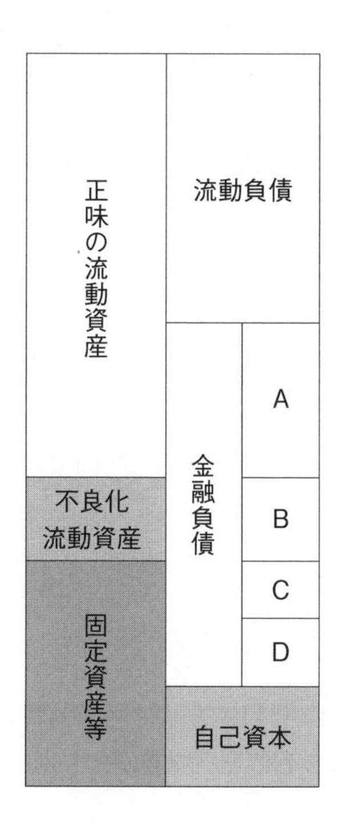

① 短期継続融資 ⇒（A＋B＋C） 長期分割弁済の融資 ⇒（D）

② 短期継続融資 ⇒（A） 長期分割弁済の融資 ⇒（B＋C＋D）

③ 長期分割弁済の融資 ⇒（A＋B＋C＋D）

④ 短期継続融資 ⇒（A） 資本的劣後ローン ⇒（B＋C＋D）

⑤ 短期継続融資 ⇒（A） 長期分割弁済の融資 ⇒（D） 資本的劣後ローン ⇒（B＋C）

解答：P.31

第6問

「経営者保証に関するガイドライン」の基本認識に関する次の記述のうち、最も不適切なものを一つ選びなさい。

① 中小・零細企業の金融取引においては、経営者自らが経営する会社の金融債務について連帯保証することは、円滑な金融仲介機能を果たすうえで一定の役割を果たしてきた。

② 「経営者保証に関するガイドライン」の適用範囲として、「保証契約の主たる債務者が中小企業経営者であること」とあるため、適用は中小企業基本法に定める中小企業・小規模企業者に限定される。

③ 「経営者保証に関するガイドライン」は、経営者保証なしの融資を無条件に求めるものではない。

④ 「経営者保証に関するガイドライン」は、華美でないと認められる自宅であっても無条件に手元に残すことを求めているわけではない。

⑤ 経営者以外との保証契約であっても、「経営者保証に関するガイドライン」が適用される場合がある。

解答：P.32

第7問

中小企業に関する次の記述のうち、最も適切と思われるものを一つ選びなさい。

①　経営戦略・戦術について学んだ中小企業経営者は少ない。そのため彼らの語る経営計画は、単なる思い付きの範疇を出ず合理性に欠ける。

②　キャッシュフローの改善は経営者の関心の一つであるが、売上が増加すればお金は　沢山入ってくることから、売上の増強こそがキャッシュフローの改善に唯一有効な施策と言える。

③　「単価×個数」が売上である。よって収益を上げるためには、「数量を上げる」「販売単価を上げる」の２点に絞られる。

④　金融機関の職員に求められる目利き能力とは、（ⅰ）財務分析能力に優れ、定量面でのリスクを正しく把握できる、（ⅱ）企業の知的財産（定性面での強み等）の収集分析ができる、（ⅲ）業界動向を分析し把握できる、（ⅳ）経営者の資質を見抜くよりも、回収可能性を把握し、必要な保全措置を図ることができる、（ⅴ）社会経済の動きを敏感に感じ取り、先行きを見通すことができる、（ⅵ）短期の成果に惑わされず、お客様にとって望ましいかどうかの目線で判断できる、ということである。

⑤　今や金融機関は銀行業から総合金融サービス業に変貌したと言える。その中でも重要なサービスは企業の資金調達をお手伝いすることにある。金融機関が直接資金を支援する場合は「商業手形割引、手形貸付、証書貸付、支払承諾」等で行うことになる。

解答：P.33

第8問

中小企業支援にかかる基礎事項に関する次の記述のうち、最も不適切なものを一つ選びなさい。

①　コンサルティング機能発揮の重要性が言われるが、これは金融機関職員に専門家並みの知識の習得と、クライアントに対するアドバイス能力の取得を求めたものである。

②　リレーションシップバンキングを実践するには、金融機関職員の一人一人の能力向上が欠かせない。

③　目利きとは、当該企業の事業価値を見極め、経営課題の発見と把握を行う能力を持った者をいう。

④　事業性評価を進めるうえで、対象企業の内部環境と外部環境について関心を払う必要がある。その場合、外部環境とは「自社ではどうしようもないもの」、内部環境とは「自社でコントロール可能なもの」をいう。

⑤　金融機関の職員（特に支店長）には、経営者の語る戦略や戦術が、「合理的なものなのか」、「蛮勇によるものか」を見極める能力を求められる。

解答：P.34

第9問

事業承継に関する次の記述のうち、最も不適切なものを一つ選びなさい。

①　金融機関が事業承継に取り組む場合、フィーが稼げる優良企業のオーナー経営者に対する節税対策が多くなる。

②　後継者がいない場合の事業承継は、優良企業のＭ＆Ａが中心である。営業利益がマイナスで、債務超過となってリスケに応じてもらっているような企業は対象にはならない。

③　昨今、我が国の事業所数の減少は、企業の倒産数の推移では説明できない。

④　事業承継を親族内で行う為の障壁として注意すべき点の１つに親子間の意識のズレがある。

⑤　事業承継に求められる金融機関の役割として、定量分析に基づく将来へのシミュレーションをしっかり行い、明確な判断材料と資料を整備し、現状の共通認識を図る役割を果たすことがあげられる。

解答：P.34

第10問

営業店が行う事業性評価に関連して述べた以下の文章のうち、空欄に当てはまる語句の組合せとして、最も適切なものを一つ選びなさい。

金融機関は、取引先と日常的に接触するといった事業性評価のプロセスを経ることで、経営の悩み等を率直に相談できる信頼関係を構築し、それを通じて得られた顧客企業の（　　A　　）を基に、顧客企業の（　　B　　）を把握することを心掛けるべきである。

一方、昔と違って経営者も忙しく、事業に対する理解につながるような、企業との対話の今日的な仕組み作りが求められている。（　　C　　）が公表している（　　D　　）は簡易な（　　E　　）として一般の金融機関職員に普及することが期待されている。

① A：財務情報や各種定性情報
　B：経営の目標や課題
　C：経済産業省
　D：ローカルベンチマーク
　E：コミュニケーションツール

② A：財務情報や各種定性情報
　B：経営の目標や課題
　C：金融庁
　D：ローカルベンチマーク
　E：事業性評価ツール

③ A：各種定性情報
　B：経営の目標や課題
　C：金融庁
　D：ベンチマーク
　E：事業性評価ツール

④ A：各種定性情報
　B：経営の目標や課題

C：金融庁

D：ベンチマーク

E：コミュニケーションツール

⑤　A：財務情報や各種定性情報

B：経営の目標

C：経済産業省

D：ローカルベンチマーク

E：評価ツール

解答：P.34

第11問

平成27事務年度において金融庁は企業に対しヒアリング（751社）とアンケート（2,460社）調査を実施した。その前の平成26事務年度には、四国4県でサンプル調査が行われた。両調査ではほぼ似たような結果となっている。その結果に関する次の記述のうち、最も適切なものを一つ選びなさい。質問項目としては、1.金利、2.自社や事業に対する理解、3.企業や自治体とのネットワーク、4.経済・産業についての情報、5.支店の物理的近さ、6. 融資実行までのスピード、7.その他、の7つが挙げられている。

①　企業が取引先金融機関を選ぶ場合、最も多い選定基準が金利である。

②　中堅企業では金利選好が強く、ほとんどの企業が金利で取引先金融機関を選ぶと回答しているのに対し、中小・零細企業になると支店の便利さと答える企業が最も多い。

③　調査の結果、地域金融機関は取引先企業と密接に向き合い、リレーションシップバンキングが実践されている姿が浮かび上がった。

④　アンケート及びヒアリングの結果、「自社や事業に対する理解」をしてくれる金融機関と取引したいと考えている姿が浮かび上がる。

⑤　融資実行までのスピードを重視する企業はほとんどない。

解答：P.35

2　事業性評価実施のための基礎事項

第12問

資金需要ニーズに関する次の記述のうち、最も適切なものを一つ選びなさい。

①　売上減少の場面では資金需要は発生しない。
②　仕入条件と回収条件の変更は常に運転資金需要を発生させる。
③　売上の増加は常に経常運転資金の増加を招く
④　売上の上下の裏には資金需要があることが多い。
⑤　在庫の増加は資金需要にはつながらない。売上高推移に大きな変化はなく、取引条件にも変化がないと仮定する。

解答：P.35

第13問

下記は一般的には実態赤字もしくは粉飾を疑われるケースであるが、実態上最もそうでない可能性の高い実態赤字もしくは粉飾の可能性の低いケースを一つ選びなさい。

①　税引前利益が出ているにも関わらず、法人税等の支払いがない。過去10年遡ってもわずかではあるが利益を計上している。
②　売上に大きな変化はなく横這いが続く。仕入先の変化もなく取引条件も変化はない。にもかかわらず、在庫は大きく増加している。
③　当社に対する融資利率は1.5%で、競合他行の金利にも大きな差はない。一方決算書から算出される借入金利子負担率は2.0%を示している。
④　損益計算書を2期比較してみると、前期末在庫と今期期初在庫が不一致である。その他の項目を見ても特に変わった動きはみえない。
⑤　経常収支比率を見てみると過去3期連続で100%を切っている。一方売上は横這いでかつ売上仕入に季節性はない。

解答：P.36

第14問

財務力・収益力実態に関する次の記述のうち、最も適切なものを一つ選びなさい。

① 決算書では経常利益が10百万円とある。一方、台風被害による損失が、5百万円特別損失に計上されている。当社の実態経常利益は10百万円と見てよい。なお、当地は“台風銀座”にあり、ほぼ毎年台風被害による損失が発生している。

② 決算書では経常利益が10百万円とある。一方、有価証券売却益20百万円が特別利益に計上されている。当社の実態経常利益は▲10百万円である。なお、当社は、物品販売業である。

③ 決算書では、売上総利益が10百万円とある。一方、決算書の在庫が期初在庫より20百万円増加している。在庫増加の理由は、決算月翌月に今年に限って当地で開かれる催し物での特需に備えた仕入れである。当社の実態売上総利益は10百万円である。

④ 決算書では、売上総利益が10百万円とある。一方、決算書の在庫が期初在庫より20百万円増加している。この場合、過剰在庫であっても架空在庫が含まれていなければ、当期の実態売上総利益は10百万円である。

⑤ 決算書では、売上総利益が10百万円とある。一方、決算書の期末在庫に前期は確認できなかった20百万円の架空計上があることが判明した。この場合、当期の実態売上総利益は▲10百万円である。

解答：P.36

第15問

20日締め、翌々月25日回収という条件の企業がある。次のうち、この企業の売掛平均サイトとして最も適切なものを一つ選びなさい。（1カ月＝30日として計算する）

① 65日
② 80日
③ 85日
④ 90日
⑤ 95日

解答：P.37

第16問

損益計算書に関する次の記述のうち、最も不適切なものを一つ選びなさい。

① 一般的に目にする決算書に示される損益計算書は、収入と利益の質に着目して整理されている。
② 変動損益計算書は、費用の質に着目して整理される。
③ 変動費・固定費の切り分けは、すべての業種で同じではない。
④ 決算書に示された損益計算書を見る場合、販売費一般管理費は変動費と固定費が混在しているが、売上原価（製造原価）は変動費とイコールと見て差し支えない。
⑤ 中小企業庁編「中小企業の原価指標」では、「役員給料手当」は固定費として分類されているが、窮境状況にある中小企業の再生支援の場面では、変動費化して考えるのが適当な場合もある。

解答：P.37

第17問　（模擬問題）

減価償却の知識に関する次の記述のうち、最も適切なものを一つ選びなさい。

① 法人税法上、減価償却限度額いっぱいまで必ず償却しなければならないと規定されている。
② 減価償却が求められる理由の一つに「企業を継続させる」という意味もある。
③ 企業存続を前提として減価償却は認められていることから、利益が出た年に過去の未償却の減価償却を当て、節税効果を狙う行為は制限なく認められる。
④ 決算書に記載される減価償却額は普通償却範囲額と必ず一致する。
⑤ 会計上の利益は事業活動から獲得したキャッシュであり、減価償却とは関係ない。

解答：P.38

第18問

損益分岐点に関する次の記述のうち、最も不適切なものを一つ選びなさい。

① 損益分岐点の位置のことを経営安全率ともいう。経営安全率が高ければ高いほど収益の安全度が高いといえる。
② 売上（作った数量）に比例して変動する費用を変動費という。
③ 売上の増減にかかわらず発生する費用を固定費という。
④ 損益分岐点分析を進めるには、損益計算書の費用を変動費と固定費に分解しなければならない。
⑤ 売上高から変動費を控除したものを限界利益という。

解答：P.38

3　事業価値・将来可能性・経営課題の把握

第19問

ＳＷＯＴ分析の機会・脅威の判定に関する次の記述のうち、最も不適切なものを一つ選びなさい。

① 環境の変化に対する自社の対応力が競争相手の対応力に勝っていれば、変化が一般に業界にとって「良い悪い」にかかわらず機会になり得る。
② 一般に業界にとって良いと思われる環境変化の状況下、当社は他社に先駆け、すでに必要な施策を講じていることから機会となり得る。
③ 一般に業界にとって良くない環境変化の状況下、環境変化に対する自社の対応力が競争相手の対応力に勝っていることで機会となり得る。
④ 一般に業界にとって悪いと思われる環境変化の状況下、自社の対応力も競争相手の対応力も今は決して優れているとは言えないが、当社は将来を見据えて適切な手段を講じたことから機会となり得る。
⑤ 環境変化に対する対応を競争相手より早く手を打ったとしても、環境変化そのものが業界にとってマイナスであれば機会にはなりえない。

解答：P.39

第20問

外部環境分析と内部環境分析に関する次の記述のうち、最も適切なものを一つ選びなさい。

① 外部環境とは「自社ではどうしようもない環境」のことで、自社の業績に間接的に影響を及ぼす要素であり、内部環境とは「自社でコントロールできる環境」のことで、要素としては市場、顧客、競争相手等があげられる。
② 内部環境分析では社会、産業、技術革新等を切り口とする。
③ 環境分析でも用いられるマーケティングの４Ｐとは、Production・Price・Promotion・Planの４つである。
④ 外部環境分析では、「どのように強みを生かすか」「どのように弱みを克服

するか」が重要である。

⑤　内部環境分析では、「目標達成に貢献する組織の特質」と「目標達成の障害となる組織の特質」をあぶり出して考えるが、それが自社の「強み」「弱み」であるかを知るためには、競争相手との比較が必要である。

解答：P.39

第21問

理念、戦略、戦術に関する次の記述のうち、最も不適切なものを一つ選びなさい。

①　理念とは、「ものの原型として考えられる、不変の完全な存在」であり、企業理念も同様に「企業活動の原則であり、不変完全な存在」であることを求められる。一般に企業理念を実現するために企業活動が行われる。

②　戦略とは、戦術を実現するための全体としての効率的な勝ち方・ルールを決定する、大局的で長期的な概念である。

③　戦術とは、具体的な戦い方であり、局所的で短期的な概念である。

④　戦略には、「科学（サイエンス）のような普遍性」があるわけではない。

⑤　コンテクストの変化を見抜き、一般的に見落としがちな変化に気が付くことで独創的な戦略が生れる。

解答：P.39

第22問

バリューチェーン分析に関する次の記述のうち、最も不適切なものを一つ選びなさい。

①　バリューチェーン分析は、内部環境を分析する手法の一つで、自社内部の経営資源の配分の適正さと、改善課題を認識するための有効なツールである。

②　バリューチェーン分析のキーステップは、業界によって統一した基準がある。

③　バリューチェーン分析は、川上から川下に至る事業の流れと、これをサポートする流れの２つを押さえることから、分析を進める。
④　コスト分析をする場合の年間コストは、その年に現実に支払われたコストの合計とは限らない。
⑤　バリューチェーン分析で戦略の抽出に用いられるＶＲＩＯ分析のＶＲＩＯとは、価値、希少性、模倣可能性、組織の頭文字を取ったものである。

解答：P.40

第23問

ファイブフォース分析に関する次の記述のうち、最も適切なものを一つ選びなさい。

①　業界内の競争が激しい場合に競争関係を決定する要因としてあげられるのは、業界全体の成長性ではなく、同業者の規模と数、商品・サービスの差別化の有無、ブランド・エクイティ等である。
②　業界への参入障壁となりうる要因とは、ブランド・エクイティ、スイッチングコストが巨大、代替品の性能が良い等である。
③　代替品が脅威とならない場合とは、代替品の価格性能が劣る、代替品の成長が見込まれるが、現状では代替品の利益率が低い等である。
④　買い手の交渉力の決定要因になるのは、買い手の製品に対するこだわりではなく、買い手の数、買い手側の仕入先変更コストである。
⑤　売り手の交渉力の決定要因になるのは、自社製品（サービス）に対する必要度合い、仕入先変更コスト、売り手の数（集中度合い）等である。

解答：P.40

第24問

資金繰表に関する次の記述のうち、最も適切なものを一つ選びなさい。

① 資金繰表作成の折の支出項目は、決算書のＰ／Ｌに上がる項目（原価・販売一般管理費）がそのまま当てはまるとは限らない。

② 物品販売業における棚卸資産残高は下記の算式で算出できる。棚卸資産＝（前月末棚卸残高）＋（当月仕入高）－（当月売上高）

③ 月次資金繰表を検討する場合、月末残高がプラスであれば問題はない。

④ 買掛金残高は下記の計算式で算出できる。買掛金＝（前月末買掛金残高）＋（当月仕入高）－（当月支払手形振出）

⑤ 資金繰表を作成する場合、現金出納帳もしくは総勘定元帳から作成すれば精緻で正確に作成できるが、金融機関職員には時間が限られることから、現実的でない。そこでいかなる場合も経営者に資金繰り表の提出を求めるべきである。

解答：P.41

第25問

キャッシュフロー計算書に関する次の記述のうち、最も適切なものを一つ選びなさい。

① 営業キャッシュフローは事業に関連してキャッシュが増えたか減ったかを示し、企業が自由に使えるお金を示している。

② 投資キャッシュフローは　有価証券の売買によってキャッシュが増えたか減ったかを示す。

③ フリーキャッシュフローは営業キャッシュフローと財務キャッシュフローの合計を指し、プラスが良いと悪いとも一概には言えない。

④ 営業キャッシュフローがマイナスの場合、本業でキャッシュを生んでいないことから、危険水域にあると断言できる。

⑤ 営業キャッシュフローがプラス、投資キャッシュフローがマイナス、財務

キャッシュフローがマイナスの場合は、優良企業によく見られるパターンである。

解答：P.41

第26問

経営課題の把握につながる基本事項に関する次の記述のうち、最も不適切なものを一つ選びなさい。

① 企業実態の把握は、1）収益力（P／L）・体力（B／S）を把握する、2）大きく事業を掴む、3）事業の見通しを掴む、という手順で進めるのが一般的である。

② 利益をあげるために企業活動が行われることから、「利益の追求」は、何を置いても、最も重視されるべきである。

③ 「経営理念」は、社会的存在として価値の創造につながるものであるべきであり、経営理念は企業価値の源泉と言ってよい。

④ 「物の流れ」「サービスの仕組み」について、できるだけビジュアルにチャート的に整理しておくのが望ましい。

⑤ 受賞歴・認証・資格があるからといって、それがそのまま該当企業の「数字に表れない強さ」だとは言い切れない。

解答：P.41

第27問

ＳＷＯＴ分析・クロスＳＷＯＴ分析に関する次の記述のうち、最も適切なものを一つ選びなさい。

① 「どのように機会を利用するのか？」「どのように脅威をとり除くのか？」を分析検討するのが内部環境分析である。

② ＳＷＯＴ分析は外部環境分析と内部環境分析から、業界の構造と競争要因を把握し経営資源を集中すべき事業の選択に生かす。

③ クロスＳＷＯＴ分析は抽出した「強み・弱み」「機会・脅威」を「縦、横、斜め」に組み合わせ、取り組むべき課題を整理する。

④ 「機会、脅威」の判定には競争相手との比較が重要であるが、「強み・弱み」の判定は特に必要ではない。

⑤ ＳＷＯＴ分析を必要とする場合、「業種別融資推進ガイド」や「業種別審査事典」等外部の参考資料を活用しＳＷＯＴ分析表に整理してみることは重要である。

解答：P.42

第28問

経営分析手法に関する次の記述のうち、最も適切なものを一つ選びなさい。

① ＰＰＭ分析は市場占有率と市場成長率の高低に応じて、事業や製品を４つの群に分類し、キャッシュフローのダイナミックな循環を目指す手法であるが、このままでは中小企業の分析手法としては使い難い。

② ファイブフォース分析で導き出される戦略は、「拡大戦略」「維持戦略」「収穫戦略」「撤退戦略」である。

③ バリューチェーン分析は、企業活動をいったん個別活動に分解し、何処でビジネスをするのかを明確にし、戦略に役立てるものである。

④ バリューチェーン分析から導き出される戦略は、コスト・リーダーシップ戦略、差別化戦略、集中戦略である。

⑤　ＳＷＯＴ分析で自社の内部環境や外部環境を分析し、「強み·弱み」「機会·脅威」を把握するが、ＳＷＯＴ分析に基づき戦略を抽出するには「ＶＲＩＯ分析」が必要である。

解答：P.42

第29問

戦略、戦術、マーケティングに関する次の記述のうち、最も不適切なものを一つ選びなさい。

①　戦略は大局的で長期的な概念であり、企業理念を達成するためのシナリオのことである。

②　一般に見落としがちな変化に気が付けば、独創的な戦略が生れる可能性はある。

③　財務は結果であり、結果に至る原因は、経営戦略・経営の仕組みの良し悪しと、マーケティングの良し悪しである。

④　戦略は大局的で長期的な視点に立ち、戦術は局所的で短期的な視点に立つ。いずれにしても目的は企業理念実現であり、取り立てて区別して考えるほどの重要性はない。

⑤　戦略策定手法を学ぶことは、経営者の資質を見極める有効な手段を手に入れることに繋がる。

解答：P.43

第30問

経営理念・戦略・戦術に関する次の記述のうち、最も適切なものを一つ選びなさい。

① 経営戦略を検討するうえでよく使われる分析手法に、「ＳＷＯＴ分析」、「ファイブフォース分析」、「バリューチェーン分析」、「ＰＥＳＴ分析」があるが、これらの分析手法はそれぞれ他の分析手法と関連性がなく、手法によって抽出される戦略が異なるケースがある。大切なのは、それぞれから導き出された戦略の中から、当社にとって最適な戦略を選び出すことである。

② 中小企業経営者は「経営戦略論」や「マーケティング理論」を意識して経営するケースは少ない。それだけに金融機関職員は経営戦略論に精通し、経営者に代わって経営戦略ならびに経営改善計画を立案することを求められている。

③ 経営理念は、企業の存在意義や使命を普遍的な形で表したものであり、経営戦略を具現化するための枠組みである。

④ 戦略は大局的で長期的概念であり、戦術は局所的で短期的概念である。戦略的発想がないまま、戦術を論じるのは危険である。戦略では、全体としての効率的な勝ち方・ルールを決定する。その重要な視点は、立地・構え・均整である。

⑤ 戦略は各種分析手法によって科学的に導き出されたものであるべきであり、科学的普遍性がある。

解答：P.43

第1章の解答・解説

【第1問】

正　解：⑤　　**（模擬問題）**

① 不適切である。中小零細企業の場合、一般的なSWOT分析以上に、地域でいかに支持されているか否かの方が、的確に事業性評価につながる場合が多い。

② 不適切である。ここでとりあげられた、1. ビジネスモデルの中長期的な持続可能性とは、当該金融機関のビジネスモデルを言っており、取引先企業のことではない。

③ 不適切である。ローカルベンチマークは対話の手段、きっかけであり、事業性評価に至る入口にしか過ぎない。

④ 不適切である。事業性評価には、定量面で当該企業を財務実態と収益力実態を正しく把握できているという前提が必要である。病巣が把握できても体力がなければ手術できないように、当該企業の財務体力と正味の収益力を把握し、現状に至った理由を掌握できない者に事業性評価などできるはずがない。

⑤ 適切である。我が国は、すでに人口減少社会に入り、事業所総数は四半世紀にわたって減少が続いている。人口減少に加え事業所の減少は、地方経済に一層の打撃を与えることは必至である。2012年12月、金融庁は地銀各行の頭取に、「金融機関の将来にわたる収益構造の分析について」といういわゆる森ペーパーを配布した。取引先企業の存続可能性でなく、地域金融機関そのものが、これまでのビジネスモデルで生き残っていけるのか、という問題意識が根底にある。

【第2問】

正　解：④　　**正答率：79.4%**

① 不適切である。「事業性評価に基づく融資」は、財務実態、収益力実態の把握が前提にある。「定性面に絞って」審査し融資を推し進める手法ではなく、「定性面を重視して」審査し融資を推し進める手法である。

② 不適切である。本来、「事業性評価融資」という一般用語はない。一時、金融当局も「事業性評価に基づく融資」を短縮し「事業性評価融資」として使ったことがあるが、この使い方が混乱を招いた。現在では慎重に「事業性評価に基づく融資」と表現している。

③ 不適切である。地域金融機関のビジネスモデルは「顧客との密接な関係を長く維持する中で、顧客に関する情報を蓄積し、蓄積した情報を元に融資等の金融サービスを提供する」ことにある。定量情報と取引採算で取引先を判定するトランザクションバンキングとは、基本的に立つ位置が異なる。

④ 適切である。知的資産は、特許やノウハウなどの「知的財産」だけではなく、組織や人材、ネットワークなどの企業の強みとなる資産を総称する幅広い考え方である。

⑤ 不適切である。「金利」ではなく、「自社や事業に対する理解」が顧客サイドからみた取引金融機関の選定基準のトップである。

【第3問】

正　解：③　　　　　　　　　　　　　　　　　　　　正答率：46.9%

① 不適切である。金融機関→当該企業の経営者

② 不適切である。支援機関→取引金融機関

支援機関＞取引金融機関……取引金融機関も認定支援機関ではあるが、総合的監督指針では、特に取引金融機関のコンサルティング機能の発揮を求めている。

③ 適切である。

④ 不適切である。当該金融機関の収益極大化→不要

顧客企業の事業拡大や経営改善等に向けた自助努力を最大限支援してくことが求められており、当該金融機関の収益極大化のために、行うものではない。本末転倒と言える。

⑤ 不適切である。金融機関と協働する支援機関と認識→顧客企業の認識

【第４問】

正　解：③　　　　**正答率：90.2%**

① 不適切である。事業再生の焦点は、Ｂ／Ｓ調整型からＰ／Ｌ調整型に移行している。

② 不適切である。早期対応が基本であり正常先の状況から取り組むべきである。

③ 適切である。往々にして経営者がみずからの経営目標や課題を充分に認識できていなかったり、自社の良さを認識していないケースが多い。この場合、金融機関は、必要とあらば外部専門家の支援を受けながら、主体的に取り組むことを促す活動も必要となるが、融資先自身による経営目標や課題の認識･主体的取組みが前提にある。

④ 不適切である。顧客の立場にたって考えるべきである。

⑤ 不適切である。実行しているソリューションの見直しの要否を、融資先や連携先と共に早急に検討すべきである。

【第５問】

正　解：⑤　　　　**正答率：61.7%**

① 不適切である。金融検査マニュアル以前の中小企業の資金調達の形であり、「Ｂ・Ｃ」を短期継続融資（いわゆる短コロ）とすることで、事実上疑似資本の役割を果たすと同時に、資金繰りの安定に寄与していた。しかし、期限の利益は半年から１年と区切られており、コロナ禍という環境を考慮すると審査によっては延長を受けられない危惧もあり、長期的な資金繰りには不安を残す。

② 不適切である。運転資金は資金繰り弁済、実質長期資金はキャッシュフロー弁済というファイナンスと返済財源の原則に照らすと、一見、適切な対応にも見える。しかし、当社のキャッシュフローでは債務「Ｄ」の返済しかできておらず、不足する返済財源は都度借入で賄う必要があり、常に資金繰りが忙しい状況が生まれる。

③ 不適切である。固定長期適合率は100％を大きく下回り、指標的には長期の安定性が高いが、年間返済額が年間獲得キャッシュフローを大きく上回り、資金繰りを圧迫する。また、新たなビジネスチャンスをつかみ投資したくと

も、新たな投資に対する返済負担が加算され資金繰りを一層圧迫することから、せっかくのチャンスを諦めるということも起こりえる。

④　不適切である。「D」を返済できるキャッシュフローは獲得しており、むやみに劣後ローンとすることは、金融機関としては適切とはいえない。

⑤　適切である。本事例の要償還債務（事業継続ベース）は「B・C・D」。うち、「D」は、安定して獲得できるキャッシュフローで返済可能であり、「B・C」は要償還債務ではあるがキャッシュフローで返済困難である。よって、「B・C」は疑似資本的な資金調達でないと、返済資金の再調達が恒常的に必要となり、資金繰りに不安を残す。コロナ禍の対応としては最も適切といえる。

【第6問】

正　解：②　　　　**正答率：85.3%**

①　適切である。経営者保証は信用力に劣る中小企業の補完的な役割を果たしてきた。中小企業との融資取引は金融機関にとってリスクが高く、金融機関のリスク軽減を図る必要があった。

②　不適切である。中小企業基本法に定める中小企業・小規模企業者に適用は限定されない。

③　適切である。本ガイドラインの適用を申し出れば無条件に保証が免除されるわけではない。金融機関は、本ガイドラインの適状にあるか否かを、経営状況に加え、物的担保等保全状況も加味し、中小企業の意向等も踏まえ、経営者保証の必要性を判断することになる。

④　適切である。

a）保証人における対応

保証人は、安定した事業継続等のために必要な一定期間の生計費に相当する額や華美でない自宅等について残存資産に含めることを希望する場合には、その必要性について、対象債権者に対して説明することとする。

b）対象債権者における対応

対象債権者は、保証人から、a）の説明を受けた場合には、上記の考え方に即して、当該資産を残存資産に含めることについて、真摯かつ柔軟に検討することとする。（「経営者保証に関するガイドライン」より）

⑤　適切である。経営者以外との保証契約でもガイドラインが適用される場合がある。

1）実質的な経営権を有している者

2）営業許可名義人

3）経営者の配偶者（当該経営者と共に当該事業に従事する配偶者に限る）

4）事業承継予定者（経営者の健康上の理由による）

【第7問】

正　解：⑤　　**正答率：40.6%**

①　不適切である。中小企業といえども、多くの経営者は暗黙知（経験値）の中で経営戦略・戦術をイメージ（ペーパーにおちているとは限らない）いるものである。しかし、金融機関職員には、少なくとも、経営者の語る戦略や戦術が「合理的なもの」か、「単なる蛮勇」か、を見極める力が求められる。

②　不適切である。キャッシュフローの改善には「入りを増やす」と「出を減らす」の方法がある。

③　不適切である。売上増加だけであれば、設問で正解であるが、収益増強策には「仕入単価の引き下げ」「経費の引き下げ」が加わり、不正解である。

④　不適切である。「④回収可能性を把握し、必要な保全措置を図る」能力が求められたのは過去のことである。現在は、「担保、保証に頼らない融資慣行の確立」が求められ、「経営者保証のガイドライン」が策定される時代である。むしろ「経営者の資質を見抜き、時として毅然と対応できる」能力が求められる。

⑤　適切である。現在では金機関は総合金融業に変貌しており、様々な資金調達手段が用意されている。金融機関職員は、新たな資金調達手段の主な物については、その特徴と課題について承知した上で、顧客企業に最もふさわしい資金調達をアドバイスする力が必要である。しかし、資金供給の手法としては設問の手法にほぼ収斂する。例えばＡＢＬであっても、手貸もしくは証貸という手法をとることになる。なお、「・・・」等の等には当座貸越、電子債権も含まれる。

【第8問】

正　解：①　　**正答率：62.0%**

① 不適切である。コンサルティング機能の発揮とは金融機関として組織的対応すること。
② 適切である。目利き能力の養成が急務といわれるのはそのためである。
③ 適切である。
④ 適切である。
⑤ 適切である。

【第9問】

正　解：②　　**正答率：85.3%**

① 適切である。バブル期においては、この層が中心であったことは間違いではない。また、金融機関の経営環境が大きく変化した現在であっても、収益は金融機関経営に必要であり、この層への取り組みが否定されるべきではない。よって不適切とまでは言えない。
② 不適切である。経済環境を考えると、仮に営業利益が赤字になっている企業では、コアコンピタンスが認められる企業であれば、積極的に世に残していくことを考えるべきである。
③ 適切である。経営者の保証の問題が事業承継に大きな隘路となっている。
④ 適切である。受けてきた教育の違いから来る経営観・や手法の違い、事業の現状に対する捉え方の違いから、親子間であるから意識の疎通がかえってうまく行かないという面があり、適切である。
⑤ 適切である。

【第10問】

正　解：①　　**(模擬問題)**

金融機関は、取引先と日常的に接触するといった事業性評価のプロセスを経ることで、経営の悩み等を率直に相談できる信頼関係を構築し、それを通じて得られた顧客企業の（A：**財務情報や各種定性情報**）を基に、顧客企業の（B：**経営の目標や課題**）を把握することを心掛けるべきである。

一方、昔と違って経営者も忙しく、事業に対する理解につながるような、企業との対話の今日的な仕組み作りが求められている。（C：**経済産業省**）が公表している（D：**ローカルベンチマーク**）は簡易な（E：**コミュニケーションツール**）として一般の金融機関職員に普及することが期待されている。

【第11問】

正　解：④　　**（模擬問題）**

① 不適切である。自社や事業に対する理解が最も多い選定基準である。

② 不適切である。企業側は、金利以上に自社や事業内容を理解してもらいたいと考えている。

③ 不適切である。地域金融機関が顧客企業と深く向かい合わない姿が浮かび上がっている。

④ 適切である。企業側は、金利以上に事業内容を見てもらい、経営課題の解決と成長に向けて一緒に歩んで欲しいと考えている。

⑤ 不適切である。取引金融機関の選定基準として、89社中、26社が融資実行までのスピードを挙げている（四国４県におけるサンプル調査）。

【第12問】

正　解：④　　**正答率：90.7%**

① 不適切である。減産資金（在庫調整資金）が発生する。

② 不適切である。例えば、（売掛金などの）回収条件が長期化する場合、運転資金が必要ない方向に働く。よって「常に」が不適切である。

③ 不適切である。季節性のある商品の場合、一時的には売上増加となるが、季節終了とともに回収される性格のもので、売上も平常に戻る。これは季節資金であり、経常運転資金とは異なる。よって、常に経常運転資金というのは不適切。また、売上が増加しても、回収条件が短期化したり、支払条件が長期化すれば必ずしも運転資金の増加につながるとは限らない。

④ 適切である。売上が増加すれば増加運転資金等、減少すれば減産資金（在庫調整資金）等が発生する。

⑤ 不適切である。在庫の増加は必ず在庫資金を必要とする。

【第13問】

正　解：③　　**正答率：62.2%**

①　赤字の可能性大。10年低位であっても利益を出していたと言うことは、繰越欠損の特例が受けられる範囲にはないということ。つまり、少額でも利益があれば税金が支払われているはず。

②　赤字の可能性大。在庫は不良在庫もしくは架空在庫の可能性が高い。

③　借入金利子負担率の異常をもって粉飾とはいいきれない。期中に決着する新たなビジネスモデルを獲得している場合ありうる。よって、本問の正解。

④　粉飾の疑いは極めて強い。決算書は必ず連続している。仮に在庫経常基準の変更があったとすると必ず差額について何等かの処理がされているはずである。本記述では他には「特に変わった動きはない」となっており粉飾の疑いが大きい。

⑤　粉飾の疑いは極めて強い。季節性の強い事業であれば決算日の選び方で毎年黒字の会社でも経常収支がマイナスになることはあり得る。一方記述では「売上は横這い、季節性はない」となっている。この状況で黒字であるなら、手元にキャッシュが残っているはずであり、赤字の可能性は極めて高い。また、偶然に仕入が先行したことによる経常収支の赤字は、あり得ることであるが、偶然は続かない。3期連続でこの状況が発生する確率は天文学的なものになる。

【第14問】

正　解：⑤　　**正答率：54.1%**

①　不適切である。当地においては台風被害がほぼ毎年発生しており、年間の必要費用の中に織り込んでおくべきものである。したがって、当地においては　台風被害による損失は、恒常的発生するものと考えるべきであり、営業外損失（費用）に織り込むべきである。よって、実態経常利益は5百万円と見積もるべきであり、不適切と言える。

②　不適切である。恒常的に発生するわけではない有価証券売却益は適切に特別利益に計上されており、調整の必要はない。

③　不適切である。過剰在庫ではないが、未実現利益が織り込まれていることになる。したがって、当期の実態売上総利益は▲10百万円と考えるのが妥

当であることから、不適切である。

④　不適切である。売上横ばい、時期の売上仕入れ見込みにも変化がないと仮定すると、仮に不良在庫でないとしても、過剰在庫であり、未実現利益が過剰に織り込まれていることになる。従って当期の実態売上総利益は▲10百万円というケースもあり、不適切である。

⑤　適切である。期初にはなかった架空在庫が期末棚卸に20百万円に計上されており、利益が20百万円水増しされていることになる。

【第15問】

正　解：②　　**正答率：18.9%**

<最長売掛期間>

21日に売ったものは　翌月の20日に〆て、もう2か月後の25日に回収。

10+30+30+25 = 95（日）

<最短売掛期間>

20日に売ったものは　当日〆て、翌々月の25日に回収。

10+30+25 = 65（日）

<平均サイト>

(65+95）／2 = 80

以上から正解は②である。

【第16問】

正　解：④　　**正答率：80.3%**

①　適切である。売上高（本業の収入）、営業外収益、特別利益は、収入の質に、売上総利益、営業利益、経常利益等は、利益の質に着目されて整理されている。

②　適切である。変動損益計算書は、通常の損益計算書で集計される売上原価、販売費一般管理費を変動費、固定費に分類し、再集計して営業利益を求める管理会計で使われる損益計算書であり、「売上げの増減によって変動する費用か、固定的に必要な費用か」に着目する切り分けであり、適切である。

③　適切である。業種によって変動費/固定費は変わってくる。

④　不適切である。売上原価にも販売費一般管理費にも、変動費と固定費は混

在している。

⑤　適切である。従業員のモチベーションを保つ意味からも、経営者が覚悟を示すことは重要である。よって、再生支援の場面では真っ先に削減を検討すべきものであり、変動費化して考えるのか適当である。

【第17問】

正　解：②　**（模擬問題）**

①　不適切である。法人税法上、償却を行うか否かは、法人の意思に委ねられており任意である。

②　適切である。企業活動を続けるために必要な固定資産等は、時間がたつと劣化（減価）し、いずれ買い替えや建て替えを必要とする。企業が継続していくためには、会社の事業活動から得られたキャッシュの中から、必要な額を積み立てておく必要がある。そのための資金にまで税金をかけるのは忍びないということで一定の基準に基づいて課税対象から外すことが認められている。

③　不適切である。減価償却資産については「減価償却資産の償却限度額の計算方法」が定められている。一方、法人税法では、減価償却を行うか否かは法人の意思にゆだねられる任意償却であるが、範囲（限度）を越えて償却することは認められていない。

④　不適切である。減価償却は経営者や会計専門家が恣意的に未償却にする場合があり、実施額＝普通償却範囲額とは限らない。

⑤　不適切である。「会計上の利益＝獲得したキャッシュ－減価償却実施額」である。

【第18問】

正　解：①　**（模擬問題）**

①　不適切である。経営安全率は、損益分岐点の位置の補数、つまり、1－損益分岐点の位置＝経営安全率。

②　適切である。売上高が変動する場合、すべての費用が変動するわけではない。

③　適切である。売上高が減少しても固定費は減少しない。

④　適切である。損益分岐点分析は、費用を固定費と変動費に分解し、赤字とならない売上高の算定や目標利益を達成するための売上高の算定に利用する。

⑤　適切である。限界利益＝売上高－変動費

【第19問】

正　解：⑤　　**正答率：59.4%**

①　適切である。

②　適切である。競争相手に先駆けて必要な施策を打っており、競争相手に勝ちきる可能性がある。将来自社の対応力が競争相手を上回ることになる。

③　適切である。業界にとって良くない動きであっても対応力が優れておれば勝ち組となる可能性がある。

④　適切である。競争相手に先駆けて必要な施策を打っており、競争相手に勝ちきる可能性がある。将来自社の対応力が競争相手を上回ることになる。

⑤　不適切である。業界にとって悪い環境の変化であっても競争相手より早く手を打てば競争相手と比較して有利な立場に立てることから機会になり得る。

【第20問】

正　解：⑤　　**正答率：48.3%**

①　不適切である。市場、顧客、競争相手は外部環境のミクロ環境分析の視点である。

②　不適切である。外部環境のミクロ環境分析の視点である。

③　不適切である。Planではなく、Place（立地・物流）である。

④　不適切である。外部環境分析ではなく内部環境分析の説明である。

⑤　適切である。機会脅威の判定と同様に競争相手との比較が重要である。

【第21問】

正　解：②　　**正答率：34.4%**

①　適切である。

②　不適切である。戦略の下に戦術があり、戦術を実現するために戦略がある

わけではない。企業活動を一つのピラミッドで考えてみると、その頂点に企業理念がある。その理念を実現するために戦略があり、戦略を実現するために様々な作戦（プロジェクト）が立てられる。戦術は作戦を成功させるための戦い方のことである。

③　適切である。

④　適切である。戦略が科学（サイエンス）のように普遍性を持っているとしたら、誰が考えても同じ結果となり、戦略の差別化は生まれない。

⑤　適切である。

【第22問】

正　解：②　　**正答率：70.0%**

①　適切である。バリューチェーン分析は、自社内部の経営資源の配分の適正と、改善課題をあぶりだす有効なツールである。

②　不適切である。キーステップの分割に決まりがあるわけではない。

③　適切である。主活動と支援活動の２つの流れを押さえる。

④　適切である。その年にしか発生しなかったコストは差し引く。

⑤　適切である。抽出した経営資源が「経営目標達成に有効か（価値）」「希少性はあるか（希少性）」「マネされにくいか（模倣可能性）」「経営資源を最大限生かすことのできる組織作りができているか（組織）」で見極める。

【第23問】

正　解：⑤　　**正答率：33.3%**

①　不適切である。ブランド・エクイティ→業界全体の成長性。ブランド・エクイティ（ブランドそのものが持つ資産価値）がある状況は、ですでに業界内の競争から抜け出しており、競争関係を決定する要因としては不適切。

②　不適切である。代替品の性能→製品が差別化されている等。代替品があること自体、参入障壁が失われたことを意味する。

③　不適切である。代替品の利益率が現状低くとも、成長が見込めると言うことは、将来的に価格性能が向上したり、利益率が改善することを意味し、大きな脅威である。

④　不適切である。買い手の製品に対するこだわりも、買い手側の交渉力の大

きな決定要因となる。

⑤　適切である。

【第24問】

正　解：①　　**正答率：71.3%**

①　適切である。資金繰りであり利益を見るものではないことから、キャッシュアウトしない項目（例えば減価償却）は含まない。

②　不適切である。棚卸資産＝（前月末棚卸残高）＋（当月仕入高）－（当月売上高）×（原価率）

③　不適切である。月中の資金の動きによっては、資金ショートを起こす場合があり不適切である。

④　不適切である。買掛金＝（前月末買掛金残高）＋（当月仕入高）－（当月支払手形振出）－（当月現金支払）

⑤　不適切である。月中の資金の動きによっては、資金ショートを起こす場合があり不適切である。

【第25問】

正　解：⑤　　**正答率：41.3%**

①　不適切である。企業が自由に使えるお金は、フリーキャッシュフロー。

②　不適切である。有価証券⇒設備や有価証券。※有価証券だけではなく不適切。

③　不適切である。財務キャッシュフロー⇒投資キャッシュフロー

④　不適切である。危険水域にあることを疑う必要はあるが断言はできない。例えばマンションデベロッパーのように仕入から販売まで中期長期を要するビジネスモデルの場合、３年程度のスパンで考える必要がある。

⑤　適切である。本業で沢山稼いだので投資もできた上借入金も返済したことを示しており、優良企業によく見られるパターンである。

【第26問】

正　解：②　　**正答率：84.4%**

①　昨今の「事業性評価」の議論の中で、財務実態の把握の重要性が軽視され

ている。財務と収益力実態の把握がすべての原点である。

② 利益の追求の前に経営理念があるべきである。利益の追求は重要なテーマであるが、「理念なき経営」は、目先の利益を追求し、リスクを見失い、経営を窮地に追い詰める可能性がある。

③ 企業は社会的な存在であり、社会的責任を負っている。

④ 「物の流れ」「サービスの仕組み」の裏には、金の流れがあり、フローチャートにしておくと、各プロセスについての課題を見つけやすい。

⑤ 数字に表れない強さを示す材料とはなるが、例えば、（ＩＳＯなどの）認証は場合によっては維持することが負担となり、経営を圧迫するケースも出てくる。

【第27問】

正　解：⑤　　**正答率：54.5%**

① 不適切である。設問は、外部環境分析の内容である。

② 不適切である。設問は、ファイブフォース分析の内容である。

③ 不適切である。「強み×弱み」「機会×脅威」はありえないので違う。

④ 不適切である。

⑤ 適切である。当たりをつけるため、SWOT分析の初期段階で一般論を整理してみることは大切である。よって設問の記述は適切である。

【第28問】

正　解：①　　**正答率：21.0%**

① 適切である。市場占有率と市場成長率で中小企業を捉えるには無理がある。市場成長率を投資の必要性、市場占有率をコスト優位性と読み替えることで中小企業に有効な分析手法となる。

② 不適切である。「拡大戦略」「維持戦略」「収穫戦略」「撤退戦略」は、PPM分析から導き出される。

③ 不適切である。バリューチェーン分析は、企業活動をいったん個別活動に分解し、それぞれの付加価値とコストを把握し、各活動が最終的な価値にどの様に貢献しているかを明らかにする分析手法である。

④ 不適切である。コストリーダー戦略、差別化戦略、集中戦略はファイブフ

ォース分析で導き出される戦略である。

⑤　不適切である。VRIO分析⇒クロスSWOT分析。

【第29問】

正　解：④　　**正答率：96.7%**

①　正しい。戦略は大局的で長期的な視点に立ち、戦術は局所的で短期的な視点に立つ。戦略の目的は企業理念を達成するためのシナリオである。戦略を実現するためには、長期的な視点に立った各種プロジェクトが用意される。戦術はそのプロジェクトを成功させるための具体的な戦いのことである。

②　正しい。

③　正しい。マーケティングは重要であるが、売り込み自体が不必要といっているわけではなく、売れる仕組みが作れればより効率的に経営が成り立つ。

④　戦略なき戦術は、戦略もどきの独走を招き危険である。

⑤　正しい。戦略手法を学ぶことで、経営者が語る経営戦略が企業理念実現に基づいた、理論的整合性が取れたものなのかのジャッジができ、また経営者の資質を見極める有効な手段を手に入れることにも繋がる。

【第30問】

正　解：④　　**正答率：17.8%**

①　不適切である。ファイブフォース分析、バリューチェーン分析、ＰＥＳＴ分析は、外部環境の中のマクロ環境とミクロ環境、および内部環境を分析する手法であってＳＷＯＴ分析に連動する分析手法と言える。

②　不適切である。中小企業とはいえ、優れた経営者が語る経営戦略等は、経験則から出たものであっても、理論的整合性があるものである。一方、多くの中小企業経営者は「感（こんな感じ）」と「経験」と「度胸」の経営であるケースが多い。彼らの語る経営戦略が「単なる思い付きや蛮勇」であるかどうかをジャッジする力を金融機関職員は求められている。

③　不適切である。経営理念を具現化するために経営戦略がある。経営理念やビジョンは、企業の存在意義や使命を普遍的な形で表したものであり、経営戦略は経営理念を具現化するための枠組みである。

④　適切である。

⑤　不適切である。戦略の本質は「ばかな」「なるほど」という二言で示される。戦略が科学であり普遍的な結論に行き着くとしたら、誰が戦略を立案しても同じ結果となり「完全競争の世界」が出現する。利益は生まれない世界となる。

第2章

正常先～要注意先・要管理先の事業性評価

～学習の手引き（第２章）～

テーマ	80回	81回
1．正常先への具体的支援事例		
（1）事業強化・拡大、収益性向上に向けた支援策	①	①
（2）財務基盤強化	①	①
（3）資金調達	①	②
（4）その他支援ニーズ	①	①
2．経営改善支援のための実態把握		
（1）業績不振企業早期発見のポイント	②	
（2）業績不振要因の把握	③	②
（3）支援可否判断のポイント	①	①
3．体質改善支援		
（1）資金繰り改善支援	①	①
（2）過剰債務の解消	①	①
4．本業収益改善に向けた支援手法		
（1）キャッシュフローの改善	①	
（2）収益の改善	①	②
5．経営改善計画の妥当性の判断		
（1）経営改善計画策定の考え方	②	②
（2）経営改善計画の検証	②	②
6．計画の進捗チェック		
（1）進捗チェックの方法	①	①
（2）支援継続を不可とすべき状況	①	②

※丸数字は出題数。

＜1．正常先への具体的事業支援事例＞

・正常先への事業支援の方策について、1）事業強化・拡大、収益性向上に向けた支援策：ビジネスマッチング、M&A，海外進出支援など、2）財務基盤の強化：望ましいB／S構成に向けたアドバイス、少人数私募債、資本制借入金など、3）資金調達：成長企業への活用提案、資金繰りに課題のある企業へのアドバイスなど、4）その他支援ニーズ：相続・事業承継、退職金・企業年金、労務問題などを学習する。

・特に、中小企業経営に望ましいB／S構成について、十分な理解が望まれる。ABL、DDS、少人数私募債などの資金調達について毎回出題されている。

＜2．経営改善支援のための実態把握＞

・化粧されていることの多い企業の決算書だが、業績不振要因は早期に発見できれば、その処方は比較的一般的なもので済む可能性が高い。企業の業績不振は「取引振りの変化」「財務諸表の変化」「企業の様子の変化」に表れる。早期発見に向けた留意点、支援可否のポイント等を学ぶ。

・業績不振には２つの類型があること、また、業績不振要因の把握について、定量面ではＢ／Ｓ・Ｐ／Ｌ両面からポイントを押さえて学習しておきたい。

＜３．体質改善支援＞

・資金繰りの続かない企業は倒産必至であり、資金繰り改善支援は最優先で解決すべき課題。具体的な資金繰り改善に資する取組みについて学習する。

・資金繰り改善支援は、試験ではリスケジュール、ＡＢＬ、複数借り入れの一本化など、具体的な取組み手法について訊かれている。

・財務リストラを検討する場合には手順があること、また、対象項目としてＢ／Ｓの改善と収支ズレの改善があるので、考え方を理解しておくこと。

＜４．本業収益改善に向けた支援手法＞

・キャッシュフローの改善並びに収益の改善については、一般の営業店職員が、本部の支援等なしに通常の業務の中で取組むことができるアドバイス（コンサルティング）業務である。

・キャッシュフロー改善、収益改善ともに、具体的にどのような改善方法があるかをまとめておくこと。

＜５．経営改善計画の妥当性判断＞

・窮境企業にとっての事業性評価は、詰まるところ、合実計画といえるレベルで経営改善計画を作成可能かどうかに尽きる。経営改善計画は、正しい現状認識の上に立って、窮境に至った原因を把握し、的確に課題と対応策を示されたものである必要がある。また、経営者と金融機関が、改善の方向性に共通認識をもって合意していることが大原則である。

＜６．計画の進捗チェック＞

・経営改善計画が作成され妥当性が確認できたら、計画の実行段階に入る。ここでは。進捗チェックの方法と支援継続可否判断のポイントについて学ぶ。

・支援可否判断では、ＤＣＦやＥＢＩＴＤＡなどの指標について訊かれている。

第２章の出題

1　正常先への具体的支援事例

第1問

企業の資金調達に関する次の記述のうち、最も適切なものを一つ選びなさい。

①　キャッシュフロー改善策については、「利益を上げる」「回収を早くする」「支払を遅くする」の３点のみから考えればよい。
②　少人数私募債は資金繰り拡大に効果的ではあるが、金融機関の調達枠に左右されるというデメリットがある。
③　Asset-based Lending（ＡＢＬ）は、不動産担保が不足し、資金調達に難儀している企業にとって万能な融資手法である。
④　資本性借入金の導入には、モラルハザードに対する配慮が求められる。
⑤　不要投融資の処分は資金調達にはつながらない。

解答：P.78

第2問

ビジネスマッチング　もしくはM&Aについての記述である。最も適切なものを一つ選びなさい。

①　ビジネスマッチングは、売りたい側と買いたい側のニーズが一致して成立することから、金融機関にとってレピュテーションリスクに発展する心配はない。
②　M&Aは、売りたいというニーズと買いたいというニーズで一致して成立することから、基本的に利益は相反しない。
③　M&Aのメリットとして、短期間に効率よく必要な人材を手に入れることができるという点があげられる。
④　会社を売りたいという情報は、比較的容易に手に入る。

⑤　Ｍ＆Ａを経験豊富な専門業者に任すことによって、徹底したＤＤ（デューデリ）が行われるため、リスクのないＭ＆Ａを実現できる。

解答：P.78

第3問

資金調達手段に関する次の記述のうち、最も適切なものを一つ選びなさい。

①　ＡＢＬとは、在庫や売掛債権など流動性の高い資産を担保として融資する手法で、成長企業よりも、経営状況の厳しい窮境企業により適した資金調達手段として注目されている。

②　ＡＢＬで取得した担保は、法的に保全されることから、担保権実行時の担保物件確保の問題が発生することはない。

③　売掛債権を細分化し投資家に売却することによって、新たな資金調達の道が開ける上に、オフバランス化によるバランスシートの圧縮が可能となる付随的なメリットがあるが、保有する債権のリスクの分散にはつながらない。

④　長短借入金のミスマッチの是正は、当局の求める短期継続融資に通じるものがある。

⑤　買入債務の延長は、直接現金の出を押さえることになることから、すべてのライフステージにある企業にとってリスクもなく、最も効果のある手法である。

解答：P.79

第4問

下記A～Eは各社の状況である。それぞれの状況に応じた事業承継の手法に関する組合せとして、最も適切なものを一つ選びなさい。

A．当社には経営者一族に後継者として適任な者がいる。しかし、一族株主の関係が不仲である。

B．当社は経営者一族に後継者候補はいるが、後継させるためには、一定の教育が必要。しかし、現経営者は高齢であり、早急に後継者問題に取り組む必要がある。

C．当社は経営者一族に後継者候補がいない。しかし、オーナーでない経営陣の中に適任者がいる。

D．当社は経営者一族には後継者がいないが、従業員の中に経営者としての資質を備えた者がいる。

E．当社は経営者一族に後継者がいないうえ、従業員の中にも適任者がいない。

① Ａ：ターンアラウンドマネージャーの登用　Ｂ：ターンアラウンドマネージャーの登用　Ｃ：ＥＢＯ　Ｄ：ＭＢＯ　Ｅ：ＴＯＢ・Ｍ＆Ａ

② Ａ：ＴＯＢ・Ｍ＆Ａの検討　Ｂ：ターンアラウンドマネージャーの登用　Ｃ：ＭＢＯ　Ｄ：ＥＢＯ　Ｅ：Ｍ＆Ａ

③ Ａ：ターンアラウンドマネージャーの登用　Ｂ：ＭＢＯ　Ｃ：ＭＢＯ　Ｄ：ＴＯＢ・Ｍ＆Ａ　Ｅ：ＥＢＯ

④ Ａ：ＴＯＢ・Ｍ＆Ａの検討　Ｂ：ターンアラウンドマネージャーの登用　Ｃ：ＥＢＯ　Ｄ：ＭＢＯ　Ｅ：Ｍ＆Ａ

⑤ Ａ：ＴＯＢ・Ｍ＆Ａの検討　Ｂ：ＭＢＯ　Ｃ：ＥＢＯ　Ｄ：ＭＢＯ　Ｅ：Ｍ＆Ａ

解答：P.80

第5問

事業強化・拡大・収益向上等の支援に関する次の記述のうち、最も適当と思われるものを一つ選びなさい。

① 金融機関に求められる３つの役割として、（ⅰ）実態経済活動のためのリスクを果敢にとること、（ⅱ）目利き能力やコンサルティング能力を高めること、（ⅲ）成長分野などへの新規融資を含む積極的な資金提供を行うこと、がある。これは政府の軸足が「資金繰支援」から「経営改善支援」に変化したことを示している。

② 金融機関が最も取り組み易い販路開拓支援の一つにビジネスマッチングがあるが、取引のきっかけの場を提供するに止めず、両者の中に入って積極的に商談をまとめるように努力するべきである。

③ 金融機関職員は技術屋の集団ではないことから、技術の評価、開発支援は困難である。そこで企業サイドとしても、異業種交流等を通じ産学官の情報の取得に努力することが望まれる。

④ 部門別や商品別の効率性を検討した結果、非効率な部門や商品が存在した。「選択と集中」の観点から、早急に（迷うことなく）撤退や取扱い中止の判断をすべきである。

⑤ Ｍ＆Ａを進めるに当たってのポイントは、（ⅰ）買収の目的を明確にすること、（ⅱ）希望する事業内容を明確にすること（意中の企業があれば具体名を幅広く聴取する）、（ⅲ）買収希望事業の規模・地域を幅広く聴取すること、（ⅳ）買収資金の予算を聞き出す等ことである。あとは市場に広く情報を提供し、最もマッチングする対象先を探すことになる。

解答：P.80

第6問

下記図表をもとに、中小企業のB／Sの適正化に向けた助言に関する次の記述のうち、最も不適切なものを一つ選びなさい。（なお、流動資産の中に不良化したものはないものと仮定する）

流動資産	負債
固定資産等	自己資本

⇒

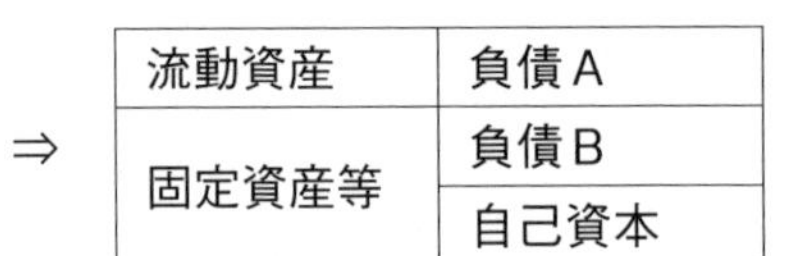

流動資産	負債Ａ
固定資産等	負債Ｂ
	自己資本

① 負債Ａと負債Ｂがともに短期の資金で賄われているとすると、当社の財務的な安定性は不安定であるといえる。

② 財務的に安定した状態が必ずしもその企業にとって最も望ましい財務状況とは限らない。

③ 負債Ａが短期の資金で、負債Ｂが長期の資金で賄われている場合、当社は財務的には比較的安定した状況にあるといえる。

④ 負債Ａと負債Ｂがともに長期の資金で賄われている場合、当社の固定長期適合率は大きく100％を割り込むことになり財務的には安定しており、良い状況といえる。

⑤ 実質的な長期資金を短期の借入で賄っている場合の有効な助言として、1）借入の長期化、2）少人数私募債の活用等が挙げられる。

解答：P.81

第7問

企業が資金調達する手法に関する次の記述のうち、最も適切なものを一つ選びなさい。

① ＡＢＬは、保証・担保に頼らない融資慣行の確立に適う手法であり、全ての企業において、積極的に活用できる。

② 少人数私募債は、募集者側には、1）多額な募集ができない、2）募集計画

書の作成ならびに定期的な報告が必要といった煩雑さがあるが、投資家側にはデメリットはない。

③　売上債権額の改善とは現金を早く払ってもらうということであり、買入債務額の改善とは手形支払比率の向上を図ることのみで達成される。

④　ＤＤＳには、金融機関側の効果と、企業側の効果ともに見込めるが、金融機関の資産の劣化を招く危険もある。

⑤　資本性借入金の適用範囲の要件は大きく緩和され、必ずしも債務超過である必要はないが、担保付の借入金については認められない。

解答：P.82

第8問

事業承継、Ｍ＆Ａに関する次の記述のうち、最も不適切なものを一つ選びなさい。

①　親族内承継は20年前と比較すると大きく減少しているもの、依然として全体の50％超を占める。

②　事業承継支援とは、「収益力を有し、バランスシートも健全な企業」に対し、資産の承継と節税対策を支援することに限らない。

③　事業承継は、先代経営者の営業基盤を引き継ぐことができることからといって、後継者が簡単に経営を引き継ぐことができるわけではない。

④　Ｂ／Ｓ、Ｐ／Ｌ双方に問題を抱える企業であっても、廃業や整理等ではなく、事業承継に向けて取り組むこともある。

⑤　Ｍ＆Ａは、新たに人材育成している余裕がない場合、有効な手段となり得る。

解答：P.82

第9問

次のうち、少人数私募債のメリットとして、最も不適切なものを一つ選びなさい。

① 金融機関の調達枠に左右されない。
② 行政への届出や登記を原則必要としない。
③ 募集には、実務上も事業計画書の作成を必要としないことが多い。
④ 担保を必要としない。
⑤ 資金繰り改善に効果が大きい。

解答：P.83

第10問

少人数私募債に関する次の記述について正しいものはいくつあるか、①～⑤のうち最も適切なものを一つ選びなさい。

ア 少人数私募債は、資金繰り改善に効果大であるが、償還期まで毎月利払いが必要であり、疑似エクイティーとしての効果はない。
イ 資金調達手段の一つではあるが、結局金融機関からの調達枠に左右される。
ウ 発行に際しては担保保証を必要とする。
エ 財務局への有価証券届出書などの提出義務がある。
オ 投資家からみると、第三者への譲渡は完全に自由なため、引き受けやすいというメリットがある。

① 0（正しいものはない）
② 1つ
③ 2つ
④ 3つ
⑤ 4つ

解答：P.83

2　経営改善支援のための実態把握

第11問

企業支援にかかわる判断に関する次の記述のうち、最も適切なものを一つ選びなさい。

①　決算に粉飾が見つかったことから、直ちに支援を打ち切る。
②　コアコンピタンスは認められるが、ＥＢＩＴＤＡは現状失われており、債務超過にあることから、支援を打ち切る。
③　金融機関側からの真摯な働きかけにもかかわらず、財務内容等の正確な開示等、誠実な対応が見られないことから支援を打ち切る。
④　当社は、黒字を継続し資産も超過の状況にあるが、経営者が高齢で親族にも後継候補がいないとのことで、廃業の相談を受けた。資産超過であり、融資金の全額の回収は可能であることから、経営者の意思に沿って廃業支援を行うことが、金融機関として望ましい選択である。
⑤　A社より、リスケジュールの要請がなされた。金融円滑化法（中小企業者等に対する金融の円滑化を図るための臨時措置に関する法律）は2013年3月をもって終了したが､その精神は生きていることから､｢明日にも倒産する｣という先を除き、当然にリスケジュールに応じるべきである。

解答：P.83

第12問

過剰債務の判定に関する次の記述のうち､最も適切なものを一つ選びなさい。

①　中小企業の借入金の適正規模への圧縮を考える場合、1）貸出金の返済条件変更（リスケジューリング）、2）債務免除等の金融支援、3）流動資産の効率化や不要資産売却等の財務運営の効率化の順で検討するべきである。
②　手形期日が来る度に、一部金額を減額し書き換え、受け取っている受取手形がある。財務実態を考える場合､当該手形全額を資産から控除して考える。
③　換金価値を失った流動資産は、資産項目から控除し財務実態を把握するべ

きであるが、不動産価格については決算書の簿価を修正する必要はない。

④　支援企業を正常化できるかどうかは、有利子負債（借入金、社債、設備手形等）を該当企業が正味生み出すことのできるキャッシュフローで割った債務償還年数を圧縮できるかどうかにかかっている。

⑤　企業の財務力を判定する場合、この１年間の企業経営の結果当社が実際に手にしたキャッシュフローを前提に考える。

解答：P.84

第13問

企業を観察するという観点で書かれた次の記述のうち、業績悪化の可能性を疑い、最も観察を強化すべきものを一つ選びなさい。

①　職場全体の雰囲気が以前よりも一層活気づき、従業員の勤務ぶりも明るくなっている。

②　以前は雑然としていた執務室が､最近はよく整理されているように見える。

③　自動車販売及び整備を営む地場資本の会社にアポイントなしで訪問した際に、受付カウンターの横にある白板に目をやると、納車と入庫の予定が数カ月前より、ぎっしり書きこまれているように見える。

④　経理財務担当者の机の上に、取引のない金融機関の支店長、課長の名刺が置いてあることが多くなった。

⑤　企業を訪問する時、定期的にトイレを借りることにしているが、当該企業のトイレは、清潔に使われ掃除も行き届いているが、他社と比較して設備は古い。

解答：P.84

第14問

業績不振企業の早期発見のポイントとして、業況悪化、実態赤字、粉飾に関する次の記述のうち、最も不適切なものを一つ選びなさい。

① 例年と比べて売上に大きな変化はないが、期末在庫は期初在庫に比べて売上の1カ月分に見合う増加がみられる場合、業況悪化を疑う必要がある。
② 製造業の企業において、売上高と製造原価はそれぞれ前年実績比10%減少している場合、粉飾を疑う必要がある。
③ 当期、減価償却の未実施が20百万円あることが判明した。しかし、決算書によると、営業利益及び経常利益は黒字計上しており、税引前利益でも10百万円計上されている場合、実態は赤字を疑う必要がある。
④ 決算書では税引前利益を10百万円計上しているが、実態を検証すると減価償却不足が50百万円ある。一方で当期決算に限ってみれば、普通償却範囲額は適正に償却されている場合、業況は悪化方向にあるといえる。
⑤ 決算書では、僅かではあるが営業利益を上回る支払配当金がある。一方で、税引前利益では黒字を計上している場合、粉飾を疑う必要がある。

解答：P.85

第15問

決算書から財務実態を分析する場合の考え方に関する次の記述のうち、最も不適切なものを一つ選びなさい。

① A社の直近期において、1,500万円の売掛金の回収不能が発生したが、決算書上では損金処理はされていない。当社の財務実態を判断する場合、公表決算より利益で1,500万円、自己資本で1,500万円少なく見積もる必要がある。
② B社の直近期において、未収入金が5,000万円ある。内3,000万円は短期に回収見込みであるが、2,000万円はX社に対する販売代金の回収が滞ったため、X社との話し合いで毎月50万円ごと、入金してもらっている。財務実態を捉える場合、2,000万円を不良化流動資産として未収入金から控除して考えなければならない。
③ C社はお茶屋である。売上の50%は地元Y百貨店の中にある店舗であげている。C社はY百貨店の株式（東証1部上場銘柄）を過去より10万株保有しており、取得原価は、1株500円、現在の時価評価は1株1,000円とな

っている。含み益が5,000万円あることになるが、この含み益を事業継続ベースのバランスシートに加算して考えるのは不適切である。

④　D社は物品販売業であるが､遊休不動産を有料駐車場として運用している。その遊休不動産を時価評価すると１億円の含み益があるが、事業継続ベース及び事業清算ベースともに、加算して考えてよい。

⑤　E社では、従業員に新居購入資金として1,000万円貸し付け、短期貸付金として計上している。返済財源は現住居が道路拡張に伴う立ち退きによる補償金であり､近々支払われる見込みである。商取引による貸付金ではないが、特に補正して考える必要はない。

解答：P.85

第16問

P／Lに関する次の記述のうち、投資家の立場から、最も適切なものを一つ選びなさい。

①　P／Lの中には、利益操作に在庫が使われやすいロジックがあるが、そのロジックは営業外収入（利益)、営業外費用（損失）にある。

②　営業利益は直接的な営業活動から発生する利益である。

③　物品販売業において､直近期有価証券の売却益が2,000万円発生しており､営業利益に加算している。

④　製造業において、自社の本社社屋に関する減価償却費は、原価の中に含めて考える。

⑤　スクラップ・アンド・ビルドを繰り返し、事業を成長させている会社において固定資産除却損は、営業外費用に計上している。

解答：P.86

第17問

支援可否判断のポイントに関係した次の記述のうち、最も適切なものを一つ選びなさい。

① 経営再建支援のお願いに来られたので、情報の開示を求めたが、金融機関が必要とする十分な開示が得られなかったことから、支援に値しないと判断した。

② 中小企業は基本的に人材不足である。仮に経営者が経営改善計画の必要性に気が付いていても、社内に策定できる人材がいないとか、そもそも時間がないといった制約がある。従って、経営者の頭の中にある考えを引き出し、彼らに代わって計画を策定することも必要と思われるが、そもそも現場である営業店も人手不足であることから本部で対応すべきである。

③ 抜本的な事業再生支援が求められる状況とは（ｉ）ＥＢＩＴＤＡ（≒償却前営業利益）はあるが債務超過、（ⅱ）今は出血状態にあるがコア・コンピタンス（競争する他社にない優れたもの）が認められ将来安定したキャッシュフローが期待できる、等の状況をいう。

④ 暫定リスケに期待される効果は、（ｉ）経営者の自覚の醸成、（ⅱ）経営者に対し事業に専念できる時間の確保等が挙げられる。一方金融機関にとっては実態面でなんら変わることはない。

⑤ 廃業支援の難しさは、会社経営者が自社の置かれた実態を直視できないところにあり、経営者の意識が変わらない以上、金融機関としては手の打ちようがない。

解答：P.86

第18問

ファイナンスの立場として、実態バランス・実態収益力を見極めるうえで、修正（可能性も含む）を必要としないものはどれか、最も適切なものを一つ選びなさい。

① 物品販売業……直近期の決算では、有価証券売却益が営業外収益に計上されている。

② 店舗（自社所有）建物の中に製造工場を持つ洋菓子製造販売業……公表決算では、減価償却費がＰ／Ｌの販売一般管理費に計上されている。なお、原価項目に減価償却の項目はない。

③　金型製造業……製造原価および販売費一般管理費に減価償却費が計上されている。

④　「スクラップ&ビルド」をビジネスモデルとする会社……毎年一定のスクラップ&ビルドを繰り返しており、固定資産除去損が営業外費用に計上されている。

⑤　設立以来初めて台風被害を受けて様々な支援金・保証金を受けた結果、被害を上回る収入となった。そこで台風被害の実額を営業外費用「その他」に計上すると同時に、収入は営業外収入に計上した。

解答：P.87

第19問

業績不振企業の早期発見のポイントに関し、業況悪化、実態赤字、粉飾に関連する次の記述のうち、最も不適切なものを一つ選びなさい。

①　例年と比べて売上に大きな変化はない。一方、期末在庫は期初在庫に比べて売上の1カ月分に見合う増加がみられる場合、業況悪化を疑う必要がある。

②　当社は製造業である。売上高と製造原価はそれぞれ前年実績比10%減少している場合、粉飾を疑う必要がある。

③　当期、減価償却の未実施が20百万円あることが判明した。しかし、公表決算書によると、営業利益および経常利益は黒字計上しており、税引前利益でも10百万円計上されている場合、実態は赤字を疑う必要がある。

④　公表決算書では税引前利益を10百万円計上しているが、実態財務を検証すると減価償却不足が50百万円ある。一方で当期決算に限ってみれば、普通償却範囲額は適正に償却されている場合、業況は悪化方向にあると言える。

⑤　公表決算書では、僅かではあるが営業利益を上回る支払配当金がある。一方で、税引前利益では黒字を計上している場合、粉飾を疑う必要がある。

解答：P.88

3　体質改善支援

第20問

要注意先～要管理先の資金繰りに関する次の記述のうち、最も適切なものを一つ選びなさい。

①金融実務において、リスケジューリングとは、既存の貸出金の返済条件を債務者側に不利なように変更することをいう。
②不動産担保が不足して、資金調達の道を閉ざされた企業にとって、資金調達の道を開く新たな手法の一つとしてＡＢＬがあるが、赤字資金等の調達で活用した場合、不都合が生じることがある。
③リスケジューリングを検討する場合、資金繰りと関連づけての検討が重要であるが、月末残高がプラスになっていれば問題はない。
④手形支払比率の引上げや手形サイトの延長は支払日を先送りするわけではなく、その交渉に特に問題を生じることもない。
⑤当社は約定弁済額の合計が当社の獲得する年間キャッシュフローを上回っている状況にある。返済資金の不足分については、毎年都度、約定弁済付の長期資金で融資対応しているので、特に問題はない。

解答：P.88

第21問

資金繰り改善支援に関する次の記述のうち、最も適切なものを一つ選びなさい。

①　リスケジューリングは既存の収益力とキャッシュフローでは返済困難なため実施する。従って、リスケしている以上、金融機関としては新規融資の検討は困難と言える。
②　資金繰りの改善策として、（ⅰ）売掛債権の早期現金化、（ⅱ）棚卸資産の圧縮、（ⅲ）買掛債務の支払期間の延長、があげられるが、（ⅲ）は、直接支払を先延ばしにできる手法であり、効果が大きい。よって、事情を問わず、

真っ先に取り組むべきものである。

③　棚卸資産の圧縮の手段として、ジャストインタイムは有効な手法である。しかし、中小・零細企業の場合はリスクを伴うことから慎重に検討すべきである。

④　年間約定弁済額が、キャッシュフローを上回る状況にある。借入金の全額を返済条件の付かない短期借入に変更すれば、特に検討すべき課題はない。

⑤　年間約定弁済額が、キャッシュフローを上回る状況にある。安定して期待できるキャッシュフローの範囲で、既存借入金の組み替えが求められた。一般に行われている手法であることから、特に検討すべき課題はない。

解答：P.89

第22問

過剰債務の判定に関する次の記述のうち、最も適切なものを一つ選びなさい。

①　中小企業の借入金の適正規模への圧縮を考える場合、1）貸出金の返済条件変更（リスケジューリング）、2）債務免除等の金融支援、3）流動資産の効率化や不要資産売却等の財務運営の効率化の順で検討するべきである。

②　手形期日（商業手形）が来る度に、一部金額を減額し書き換え、受け取っている受取手形がある。財務実態を考える場合、当該手形全額を資産から控除して考える。

③　換金価値を失った流動資産は、資産項目から控除し財務実態を把握するべきであるが、不動産価格については決算書の簿価を修正する必要はない。

④　支援企業を正常化できるかどうかは、有利子負債（借入金、社債、設備手形等）を該当企業が正味生み出すことのできるキャッシュフローで割った債務償還年数を圧縮できるかどうかにかかっている。

⑤　企業の財務力を判定する場合、1年間の企業経営の結果当社が実際に手にしたキャッシュフローを前提に考える。

解答：P.89

第23問

過剰債務ならびに過剰債務解消に向けた手法に関する次の記述のうち、最も適切なものを一つ選びなさい。

① 過剰債務圧縮の目的は、債務超過を解消することである。
② 財務リストラを検討する手順としては、1）貸出金の返済条件変更（リスケジューリング）、2）債務免除等の金融支援、3）流動資産の効率化や不良資産売却等の財務運営の効率化、の順である。
③ 収支ズレの改善はキャッシュフローの改善には寄与するが、有利子負債の圧縮には寄与しない。
④ 収支ズレの改善交渉にはリスクを伴うケースがある。
⑤ 資本性借入金は無担保であることが必須となっている。

解答：P.90

第24問

過剰債務の解消ならびにその手法に関する次の記述のうち、最も適切なものを一つ選びなさい。

① 債務免除は最も直接的に過剰債務の圧縮に繋がることから、体力のある金融機関は積極的に債務免除に取り組むべきである。
② 投融資についてはすべて売却し、本業に絞ったスリムな財務体質に改善すべきである。
③ 「過剰債務額＝債務超過額」ではない。
④ ＤＤＳとは負債を資本に振り替えることを言う。
⑤ ＤＤＳでは経営者のモラルハザードの問題は生じない。

解答：P.90

第25問

中小企業の資金繰り支援に関する次の記述のうち、最も適切なものを一つ選びなさい。なお、コロナ禍の特殊性も考慮して回答すること。

① 当社は建設土木業である。工事引き当てでは返済額が大きく変動することから、資金繰りの安定のため、工事運転資金を含め長期の約定弁済に切り替えた。
② リスケ先にはニューマネーを追加することはできない。
③ 要償還債務（総有利子負債 － 運転資金見合いの貸出金）から安定してキャッシュフローで弁済できる借入金を控除した金額を、約定や約定弁済付き長期借入金で対応を検討する。
④ 要償還債務（総有利子負債 － 運転資金見合いの貸出金）から安定してキャッシュフローで弁済できる借入金を控除した金額と運転資金見合いの貸出金に、短期継続融資を検討する。
⑤ 要償還債務（総有利子負債 － 運転資金見合いの貸出金）から安定してキャッシュフローで弁済できる借入金を控除した金額について、（疑似）資本的な資金の投入を検討する。

解答：P.91

第26問

収益改善に向けての取組みに関する次の記述のうち、最も不適切なものを一つ選びなさい。

① 中小・零細企業では、金融機関職員が、相手経営者に代わって経営戦略を立案する必要がある。
② 相手経営者の考える経営戦略や戦術を聞き出し、ジャッジする訓練が地域金融機関職員には求められる。
③ 収益改善策を検討する場合、例えば、売場面積の拡大は賃料の増加を招き、営業時間の延長は時間外手当の問題や光熱費の増大を招くことになり、収益

力の増強にはつながらないという考え方は排除して考えるべきである。

④　すでに単独の商品としての歴史を終えた技術同士であっても、組み合わせることで新たな商品価値、市場を創造することがある。

⑤　マイケル・ポーターは、競争に打ち勝つための３つの基本戦略を提示している。このうちの一つに、差別化戦略が挙げられるが、製品・サービスのブランド化はこの差別化戦略の一環として取り上げることができる。

解答：P.91

第27問

当社は売上減少が続き窮境状況にある。次の記述のうち、最も適切なものを一つ選びなさい。

①　当社では過去から、店舗の清掃を主要取引先の関連企業にお願いしている。この度、他の清掃業者から「見積りさせて欲しい」との要望があったが、主要取引先との取引に影響が及ぶと考え、見積りの提示をお断りした。

②　製造の低迷から人員が過剰な状況にある。取引金融機関からは経費削減のため、一部製造過程を外注すべく指導をされているが、当社としては逆に現在外注している部門の内製化を検討すべきだと考えている。

③　業績低迷の影響で人員に過剰感がある。このような場合、直接的な人員削減策（例えば解雇）は、余剰人員削減に最も効果的で即効性があることから、真っ先に取り組むべきである。

④　当社は経営改善計画策定途中にある。収益力増強策として「売場面積の拡大」と「営業時間の延長」を検討課題として提案したところ、「売場面積の拡大は賃料の支出につながり、営業時間の延長は人件費の増大につながる」といってその場で却下された。

⑤　当社は生産設備更新時期（故障も増え調整に手間取り稼働率が低下している状況）に来ており、このままでは生産に支障をきたす。２年後に能力が倍増した最新機械が実用化され市場に投入されるのが確実な状況ではあるが、金融機関からの求めに応じ、借入れで今と同じ能力の機械を購入することにした。

解答：P.92

4　本業収益改善に向けた支援手法

第28問

下記はキャッシュフロー改善にかかる手法であるが、その中で企業の置かれた状況によっては当該企業が特に慎重に取り扱う必要のあるものの組合せとして、最も適切なものを一つ選びなさい。

ア：受取手形の期間短縮
イ：支払手形の期間延長
ウ：手形支払比率の向上
エ：売掛債権回収管理の強化
オ：買掛期間の延長
カ：現金回収比率の向上
キ：仕入方法の見直し

①　ア、ウ、エ
②　イ、ウ、エ
③　ウ、オ、カ
④　エ、オ、キ
⑤　イ、ウ、オ

解答：P.92

第29問

経営改善計画策定の考え方に関する次の記述のうち、最も適切なものを一つ選びなさい。

①　窮境企業の債務者区分を上位変遷させるために金融機関では経営改善計画を策定する。
②　中小企業の経営改善計画は、金融機関の作成したものでも可とされていることから、金融機関側で策定し、経営者に実行するように強く求めた。

③　債務者企業が返済猶予（リスケ）の依頼に来店された。本来、返済の正常化が何時から可能かと言う程度の見透しはもってくるべきである、

④　支援の合意を得るには、（ⅰ）一定期間で正常返済に戻せるか、（ⅱ）返済シェアは妥当か、（ⅲ）金利水準、担保条件は妥当か、等々が重要な要素となる。

⑤　当社は、評価の高い遊休不動産を所有しており、処分して有利子負債を圧縮することについて会社側も同意している。そこで計画初年度に、該当不動産の売却を織り込んで計画を策定した。

解答：P.92

第30問

利益改善策に関する次の記述のうち、最も適切なものを一つ選びなさい。

①　売り場面積の拡大、営業時間の延長が、利益改善に直結するわけではない。

②　人気商品とのセット販売は、人気商品にセットされた商品の販売単価を引き上げる有効な販売手法である。

③　戦略手法として、売れ筋商品に絞る「選択と集中」は、すべての場合に有効な手法である。

④　近い将来、現行の最新機械よりも効率の良い機械が市場で販売されることは分かっているが、設備更新の時期を迎えている取引先のニーズに対して、「実需であることから融資で対応する」という金融機関の提案は、適切であり、問題ない。

⑤「数量×単価」が売上の基本であることから、利益を上げる手法としては、販売数量を増加させることと、販売単価をダンピングすることなく高価格で販売することに尽きる。

解答：P.93

第31問

資金繰り改善、収益力改善に関する次の記述のうち、最も適切なものを一つ選びなさい。

① 売掛債権回転期間が業種平均と比較してかなり長い。販売先に業況不振企業があり、回収が長期化していると断定できる。
② 仕入を、「直接仕入れ」に変更し「長期契約、大量発注」することは、仕入価格を有利にする効果だけではなく、在庫コントロールが容易になり、キャッシュフロー改善効果がある。
③ 現金回収比率を30％から60％に引き上げた。代わりに回収日を２カ月延長し、手形サイトを３カ月から６カ月に延長することで、資金繰りの改善を図ることが可能となる（商手割引は考慮しない）。
④ 回収・支払条件の改善（回収⇒早期化、支払⇒長期化）は、必ずしも当該企業に好結果を残すとは言い切れない。
⑤ 売り場面積の拡大は、利益拡大に直結する。

解答：P.93

第32問

次の図は、人口減少社会の中で、売上のための努力をせずに経営を成り行きに任せたと仮定した場合の、金額、時間、限界利益の関係について示したものである。図の空欄Ａ～Ｃに入る語句の記号の組合せとして、下記のうち最も適切なものを一つ選びなさい。

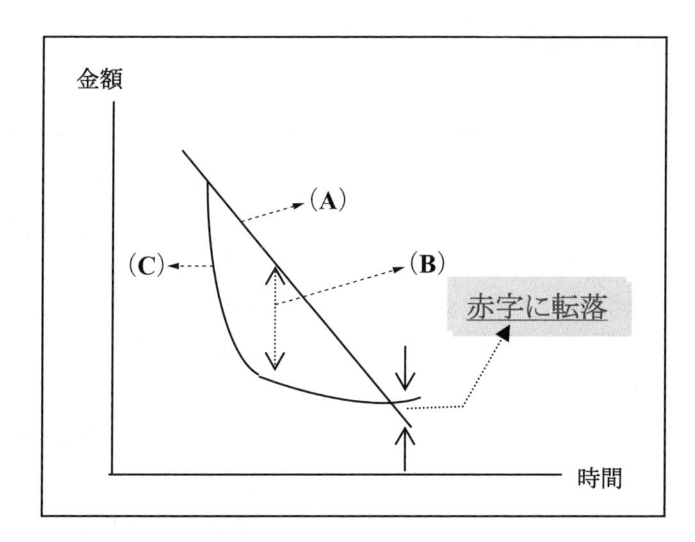

ア：売上高＝限界利益 ＋ 変動費

イ：売上高＝固定費 ＋ 変動費

ウ：限界利益＝売上高 － 変動費

エ：限界利益＝売上高 － 固定費

オ：利益

カ：限界利益

キ：変動費

ク：固定費

①　A：ア　B：ク　C：キ

②　A：イ　B：カ　C：ク

③　A：ウ　B：オ　C：ク

④　A：ア　B：オ　C：ク

⑤　A：エ　B：オ　C：ク

解答：P.94

5　経営改善計画妥当性の判断

第33問

人事リストラと労務問題に関する次の記述のうち、最も適切なものを一つ選びなさい。

① 中小企業では、人員削減を検討する場合、会社運営に必要な人員以外に対し、退職を強要することが、特例で認められている。
② 倒産が迫っているなど逼迫した状況でなくとも、将来、経営危機に陥る可能性がありその危険を避けるために、企業体質の改善強化を図る必要があることから行う人員整理（整理解雇）が認められるケースもある。
③ 希望退職を募る場合、会社に必要な人材の応募（流出）を抑えるために、事前に会社側で余剰人材を選別し退職を求めることは、何ら問題がない。
④ 整理解雇の場合、企業側の都合で対象者を選別できる。
⑤ 退職を伴わない雇用調整の場合は、特にリ－ガル対応を考える必要はない。

解答：P.94

第34問

経営改善計画の検証に関する次の記述のうち、最も適切なものを一つ選びなさい。

① 売上計画を作成するにあたり、経営者にヒアリングしたところ、年率３％の売上を見込むという説明であり、根拠は明確ではなかったが、これを採用した。
② 仕入先への支払条件が短期化している場合、仕入先から警戒されていると考えるべきである。
③ 当社の業況に変化がなくとも、受取勘定が長期化するケースはある。
④ 経営改善計画を検証する場合、キャッシュフロー（流出後利益＋減価償却）の全額を返済財源と考える。
⑤ 人件費削減が人員削減で計画されている場合、削減額については、退職時

期、人数、退職者の前年の給与水準から機械的に算定する。

解答：P.95

第35問

経営改善計画に関する次の記述のうち、最も適切なものを一つ選びなさい。

①　「私的整理ガイドライン」の中では「株主責任の原則」「経営者責任の原則」「衡平性の原則」「経済合理性の原則」に触れられているが、そのいずれもが債権者の合意等があっても柔軟に対応することはできない。

②　経営改善計画の必要性は理解できても、「何をどうしてよいかわからない」「作成のできる人材と時間がない」といった理由で、中小・零細企業の経営者には、計画の策定は難しいことから、金融機関が独自に作成することが認められており、特に経営者とのすり合わせは必要としない。

③　経営改善に向けて必要な要素として、「現状認識と問題点の把握」と「再生に向かっての大きな方向感」を関係者で共有することが挙げられる。

④　中小企業で窮境状況にある企業の経営改善計画策定の現場では、まず資金繰りの把握が必要であり、経営者が作成することが求められる。

⑤　リスケ期間中は、得られるキャッシュフローの全額を返済原資とする必要がある。

解答：P.95

第36問

経営改善計画作成、検討、および支援に関する次の記述のうち、最も適切なものを一つ選びなさい。

①　金融機関では自己査定が行われるが、債務者区分の目安となる償還可能年数は金融検査マニュアルにより、金融機関間で統一した基準が用いられる。

②　製造業、物品販売業、サービス業を問わず、変動費と固定費に分類される細目は同一である。

③　中小企業再生支援協議会より経営改善計画を示されたが、納得できない場合には拒否できる。
④　窮境状況にある企業の経営者に、資金繰り破綻回避のため、仕入先に対して支払延長交渉の検討をお願いすることはタブーである。
⑤　窮境状況にある企業に対する正常運転資金の融資については、リスク回避のために証書貸付の約定弁済付きで融資を行うのは当然である。

解答：P.96

第37問

「私的整理ガイドライン」に関する次の記述のうち、最も適切なものを一つ選びなさい。

①　再建計画案は、経常利益が赤字であるときは、再建計画成立後に最初に到来する事業年度開始の日から５年以内を目処に黒字に転換することを内容とする。
②　再建計画案は、実質的に債務超過であるときは、再建計画成立後に最初に到来する事業年度開始の日から５年以内を目処に実質的な債務超過を解消することを内容とする。
③　株主責任については50%超の株主に限定される。
④　再建計画案における権利関係の調整は、債権者間で平等であることを旨とし、債権者間の負担割合については公平性の観点から、個別に検討する。
⑤　債権放棄を受ける場合であっても、債権放棄を受ける企業の経営者は退任することを求められることはない。

解答：P.96

第38問

経営改善計画の検証に関する次の記述のうち、最も適切なものを一つ選びなさい。

① 会社運営に必要な更新投資を、会社が生み出すキャッシュフローから業種を問わず、一律30%控除することにした。

② 前期比大きく売上が減少した取引先がある。当社の商品そのものが市場性を失っていることを示している。

③ 売上計画を精査する場合、必要な情報としては、（ⅰ）販売先別売上計画･実績、（ⅱ）製品（商品）別売上計画・実績である。試算表は最近の実績を集計しているに過ぎず、重要性は低い。

④ 安易な人件費の削減は必要な人材の社外流出を生むリスクがある。しかしながら、コストに占めるウエイトは大きいことから、真っ先に余剰人員の削減から始めるべきである。

⑤ 仕入条件の悪化は、業績不振企業にとって深刻である。仕入を止められる事態に至れば、たちまち倒産するという事態になりかねない。従って、支払の延長交渉は安易に行うべきではないが、経営者の覚悟を図る上で、有効な踏絵と成り得る。

解答：P.97

6　計画の進捗チェック

第39問

ディスカウントキャッシュフロー（ＤＣＦ法）に関する問いである。毎年獲得できるキャッシュを100万円、割引率を10%とすると、３年間に獲得できるキャッシュの現在価値はいくらか、次のうち、最も適切なものを一つ選びなさい。

① 約266万円
② 約263万円
③ 約249万円
④ 約222万円
⑤ 約216万円

解答：P.97

第40問

A社は製造業である。製造原価に含まれる減価償却実施額40百万円、販売管理費に含まれる減価償却実施額が10百万円、公表営業利益60百万円、経常利益50百万円、当期税引前利益30百万円である。買収希望がB社から寄せられている。購入希望のB社の期待する利回りは15%である。B社がA社の事業価値を見積もるにあたり、簡便法（ＥＢＩＴＤＡ＝償却前営業利益とする）を用いて計算した場合、最も適切なものを一つ選びなさい。なお、当社の決算に不審なものはないとする。

① 約367百万円
② 約467百万円
③ 約533百万円
④ 約667百万円
⑤ 約733百万円

解答：P.98

第41問

計画進捗チェックに関する次の記述のうち、最も適切なものを一つ選びなさい。

① 財務、事業のデューデリジェンスを行った上で、経営者も納得した経営改善計画であれば、初年度から大きく乖離が出ることは極めて少ない。
② 経営改善計画を実効あるものとするには、計画と実績の予実管理が重要であることから、経営者に決算後6カ月以内に自ら報告することを義務付けた。
③ 定例報告では売上も利益も計画通り推移しているが、運転資金が予想以上に必要となっていることから、意図的な売上架空計上や利益操作のための在庫調整があると判断せざるを得ない。
④ 計画実行段階の定例報告会で最初に確認するべき事項は、アクションプランの実行状況と、売上の実績である。

⑤　実績のある優秀なコンサルティング・ファームが関与しており、計画乖離がある場合も後日報告をくれることから、全面的に信頼し、一任している。

解答：P.98

第42問

計画進捗チェックに関する次の記述のうち、最も適切なものを一つ選びなさい。

①　事前に財務、事業のデューデリジェンスを行った上、経営者も納得した経営改善計画であれば、初年度から大きく乖離が出ることは極めて少ない。
②　経営改善計画を実効あるものとするには、計画と実績の予実管理が重要である。そこで、経営者には決算後６カ月以内に自ら報告することを義務付けた。
③　定例の報告では売上も利益も計画通り推移しているが、運転資金が予想以上に必要となっている。意図的な売上架空計上や利益操作のための在庫調整があると判断せざるを得ない。
④　計画実行段階の定例報告会で最初に確認するべきは、アクションプランの実行状況と、売上の実績である。
⑤　計画実行中の企業であり、実績のある優秀なコンサルティング・ファームが関与している。計画乖離がある場合も後日報告をくれることから、全面的に信頼し、お任せしている。

解答：P.99

第43問

下記のうち、経営改善のための資源となるものの組合せとして、最も適切なものを一つ選びなさい。

A．売却可能な資産があるか
B．削減可能な経費があるか

C．次世代後継者はいるか
D．お取引先は協力的であるか
E．新製品開発計画はあるか
F．販路拡大の見込みはあるか
G．計画乖離を生じさせた外部的要因を取り除ける見込みはあるか

① A、B、C、D
② A、B、E、F
③ D、E、F、G
④ A、B、C、F
⑤ C、E、F、G

解答：P.99

第44問

計画と実績に乖離が発生している企業に対する「支援の方針、決断等」に関する次の記述のうち、最も適切なものを一つ選びなさい。

① 当社は環境の変化を甘く見積もっていたことから、再計画が必要な状況にある。当初計画に織り込まれていない圧縮可能な経費と売却可能な資産が残っているが、経営者の資質に問題があると考えることから支援打ち切りの方向で検討している。
② 当社は考えられるすべての「経営改善のための資源」を使って、リスケジュールを軸とした経営改善計画を策定した。一方で当社を取り巻く環境は想像を超えて悪化した。その結果、かろうじて利益は確保し、キャッシュフローも獲得できているが、債務償還年数は超長期（破綻懸念先の範疇）となった。「経営改善のための資源」を使い果たしているため、当社への支援は打ち切ることにした。
③ 当金融機関は実質債権放棄につながるスキームもやむなしと判断しているが、複数の他金融機関が同調してくれない。公平中立な立場にある外部専門機関を通じて合意形成を目指す方針である。

④　当社は計画と実績の乖離が大きく下振れしているが、経営者のモチベーションは高い。計画と実績の乖離原因は経営者の病気療養である。病気療養前は計画比80％で推移しており、しかも経営者の回復は間近である。一方、経営者の病気療養を期に、事業継承を視野に入れて長男がサラリーマンをやめて当社に入社している。病気療養期間中に営業がほとんどできなかったことから、今期は大幅赤字となり債務超過に陥った。当行では現状の収益力（赤字）では既存融資の返済が困難であることから支援打ち切りを決断した。

⑤　当社は情報開示が十分でない。計画・実績乖離の挽回策に新商品の市場投入が近いことを社長は挙げている。試作品等については確認できていないが社長は自信たっぷりに発言していることから、社長が求めるままに新商品投入のための資金を融資することにした。

解答：P.100

第45問

支援継続の可否判断等に関する次の記述のうち、最も適切なものを一つ選びなさい。

①　経済合理性の判断とは、企業を清算する場合の価格と、企業を売却する場合の価格の比較を行うことである。

②　ＤＣＦで事業価値を算定する場合の割引率は、一般的な貸出金利を使用しなければならない。

③　営業利益が赤字の会社は、本業が赤字であることから、一般的には事業継続が危ぶまれる状況にあるが、企業価値が見いだせる場合もある。

④　メイン取引を行っている金融機関は、他金融機関以上に債務者の情報を得やすい立場にあるが、債務者の情報をもとに自金融機関のために債権保全行為等を行っても、「債権者平等の原則」に反することはない。

⑤　当店は、Ａ社の破綻が近いことを察知したことから、ただちに本部の担当部署に連絡報告をした。以後の対応は本部に任せ、支店が関わる必要はない。

解答：P.100

第２章の解答・解説

【第1問】

正　解：④　　正答率：76.5%

① 適切ではない。キャッシュフロー改善策については、「在庫を少なくする」というもう一つの重要な要素があり、３点のみではない。

② 適切ではない。少人数私募債は、金融機関の調達枠には左右されない。

③ 適切ではない。ＡＢＬは万能な融資手法ではない。例えば、赤字補填資金をＡＢＬで融資した場合、正常運転資金を無担保無保証で融資している金融機関が赤字資金を融資していることにすり替わり、反発を受けることになる。

④ 適切である。一時的にせよ、返済を繰り延べることについてはリスケジューリングとなんら変わるところはない。安易な導入は、経営者のモラルハザードを招き、金融機関の資産の劣化を招くことにつながることを忘れてはならない。

⑤ 不適切である。不要投融資は資産価値を失った投融資ばかりではない。リスクに見合ったリターンのない投融資は、切り出し処分することで資金化できる。

【第2問】

正　解：③　　正答率：47.6%

① 不適切である。売り手・買い手の出合いの場として、事業者支援には有効であるが、一方で、場合によっては当該金融機関のお取引先の一つの変わりに、取引を奪われる可能性がある。その場合、「取引金融機関に取引を奪われた」というレピュテーションリスクに発展する可能性がある。

② 不適切である。M＆Ａは、売り手・買い手の利害が相反している。

③ 適切である。

④ 不適切である。M＆Ａは、秘密裏に進行するものである。

⑤ 不適切である。DDを徹底しても不確実性が伴う。

【第3問】

正　解：④　　**正答率：61.9%**

① 不適切である。メイン行のＡＢＬ実行による赤字資金補填融資が行われた場合、正味運転資金が実質裸与信にすり替わることから、他の運転資金を供与している金融機関の反発を招き、該当企業にとっても良くない結果を招きかねない。

② 不適切である。担保物件は動産であり動かせることから、担保を押さえに行ったら、すでに移動されており、物件がなかったということが起こり得る。

③ 不適切である。リスク分散になる。売掛先が倒産等したような場合、売掛債権を回収できないリスクを分散できる。

④ 適切である。中小企業は基本的に大企業と比較するとＣＦが弱い。よって、年度資金で資金繰りを計画できる大企業と異なり、経常運転資金は資金繰り弁済、過小資本部分はＣＦ弁済が基本である。過去の貸し剥がし等のトラウマから長短借入金がミスマッチを起こしているのが現実である。

⑤ 不適切である。仕入先に対し優位にある場合は良いが、窮境状況にある企業にとっては仕入を止められ、即倒産に至るリスクがある。

【第4問】

正　解：②　　　　　　　　　　　　　　　　　　　　**正答率：45.7%**

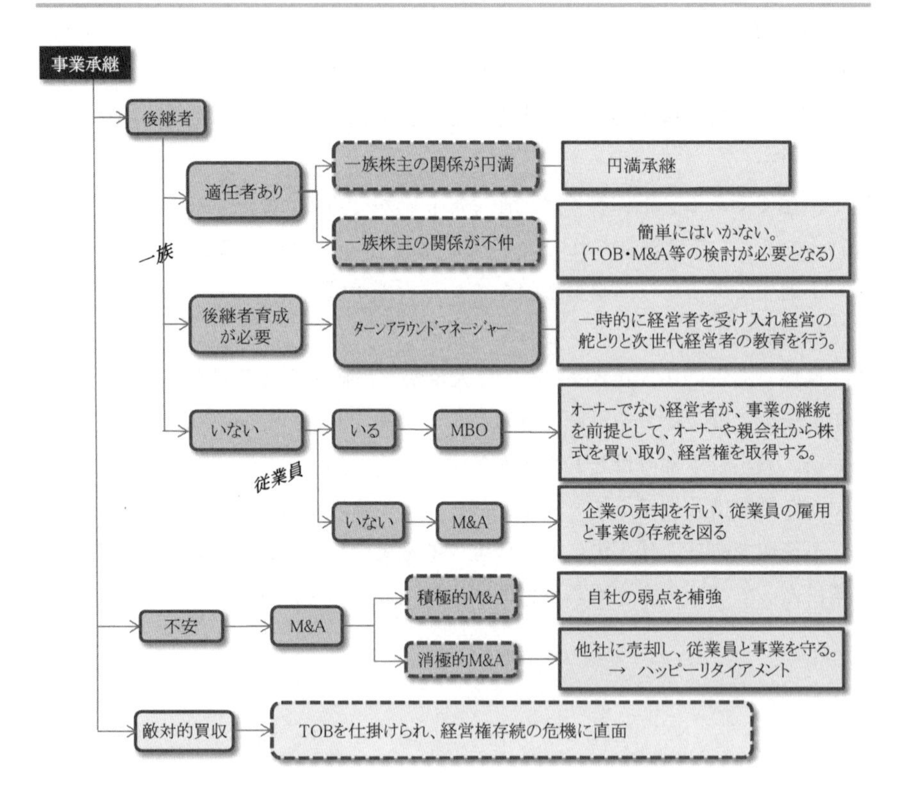

【第5問】

正　解：③　　　　　　　　　　　　　　　　　　　　**正答率：68.0%**

①　不適切である。資金繰り支援⇒経営改善支援⇒成長育成支援

②　不適切である。商談に関わることで信用供与と受け取られる場合がある。

③　適切である。金融機関は自治体、研究開発型企業、大学、シンクタンク等幅広く連携を取りまとめることのできる立場にある。よって金融機関では本部が中心となって情報を整理し、支店やお取引先に還元する体制を整える必要がある。しかし、顧客サイドも、金融機関に頼るばかりでなく努力すべきである。よって間違いではない。

④　不適切である。中小企業の場合、メンテナンス等サービス面の充実を背景

に、少々高くとも当社で商品を買ってくれるケースは多い。非効率だからといってメンテナンス部門を切り捨てると、ユーザーが離れてしまい、本末転倒の結果に終わることがある。よって幅広に検討し結論をだすべきであり、大いに迷って考えるべきであろう。本事例のようなケースはPPM分析で陥りやすい罠でもある。

⑤　不適切である。M＆Aは専門機関のお手伝いを頂きながらサイレントで行うもの。情報が公開されると独り歩きを始め、双方の企業にレピュテーションリスクが生まれるなど、問題が発生する場合が多い。

【第６問】

正　解：④　　　　**正答率：79.8％**

①　適切である。一般に固定負債よりも流動負債の比率が高くなればなるほど、１年以内に支払わなければならない負債が多いため会社の財務安全性は低くなる。

②　適切である。優良企業にとって負債Ｂを長期で調達（財務安定性が高くなる）するような借入に大きなメリットはなく、金利が低く資金繰りを考えなくてよい短期ころがし資金で借入れるほうが（財務安定性は低くなるが）効率的な場合もある。

③　適切である。固定資産（設備資金等）が長期、流動資産（運転資金等）が短期で賄われており、長短のバランスが良く資金繰りも安定していると考えられる。

④　不適切である。設問のケースの場合、一概には良い状況とはいえない。短期借入金は、（分割方式もあるが）、多くは期日一括返済であるのに対して、長期借入金は毎月分割弁済であり、長短借入金のバランスが悪い（設問のように運転資金を長期で調達している等）と、資金繰りを圧迫するケースもある。

⑤　適切である。私募債の償還期間は３年から５年程度が想定される。

【第7問】

正　解：④　　**正答率：87.6%**

① 不適切である。例えば、在庫を担保に赤字資金をメイン行が融資した場合、正味運転資金を売掛金や在庫に裏付けされた安全な融資として無担保で融資していた金融機関にとっては、名実ともに無担保の裸与信となり、安全な筈が高いリスクの融資（赤字資金）にすり替わることになる。結果協調体制が崩れて顧客企業の存亡にかかわる事態に発展する可能性も生まれる。ABLの設定は慎重に取り扱うべきである。

② 不適切である。投資家側のデメリットとして、1）担保・保証がないことから、基本的には投資家としては引き受けにくい、2）第三者への譲渡には一定の制限がある、等が挙げられる。

③ 不適切である。買入債務の改善は現金を出来るだけ遅く支払うということで、手形支払比率の向上はその一つの手段に過ぎない。

④ 適切である。安易な導入は経営者のモラルハザードを招くおそれがあることからも、正しい。

⑤ 不適切である。2011年11月　担保付の資本性借入金の取り扱いが認められた。

【第8問】

正　解：①　　**正答率：88.0%**

① 不適切である。中小企業白書によると、事業承継における親族内承継の割合は、2018年39.6%、2019年34.9%、2020年34.2%と推移している。

　この数字を見ると、事業承継全体の3分の1強が親族内承継であることが分かる。

② 適切である。

③ 適切である。

④ 適切である。企業は社会の公器であり、B/S・P/Lに問題を抱えた企業であっても社会に残すべき事業や成長が見込まれる分野には積極的にかかわる必要がある。

⑤ 適切である。

【第9問】

正　解：③　　**(模擬問題)**

事業内容と計画を直接投資家に説明する必要があることから、③は不適切である。

【第10問】

正　解：①　　**(模擬問題)**

ア　償還期まで通常は年１回の利払いですむ。

イ　金融機関からの調達枠に左右されない。

ウ　一般的には少人数私募債は、保証人不要で無担保になる。

エ　少人数私募債も銀行引受私募債も、公募債とは異なり、財務局への有価証券届出書などの提出義務がなく、その分発行作業が軽減される。

オ　第三者の譲渡には一定の制約がある。

以上、ア～オのうちに、正しいものはなく、①が正解となる。

【第11問】

正　解：③　　**正答率：61.5%**

①　不適切である。経営者の従業員の雇用等に対するプレッシャーは大きい。破綻の恐怖から金融機関に対して、やむなく粉飾や虚偽の申告をするケースがあることを忘れてはならない。粉飾に至った経緯、経営者の人物、事業性の有無を丁寧に判断することが必要である。よって、経営者からの説明に虚偽があるからといって、拙速に支援を打ち切るのは適切ではない。

②　不適切である。ＥＢＩＴＤＡが失われていても、コアコンピタンスが認められるということであれば、回復の可能性を秘めているということ。可能性のある事業を残すなど、雇用に対する配慮等、求められる。

③　「わからない・開示されない」は金融機関のリスクである。金融機関の真摯な働きかけに対して誠実な対応が見られない以上、経営者に金融機関と真剣に改善に取り組む意識がないと判断できる。リスクを内包したまま、リスクを拡大させる取引を継続することになり、適切ではない。よって、本肢は不適切とはいえない。

④　不適切である。Ｍ＆Ａ、ＥＢＯ等で従業金の雇用を守る可能性を真っ先に

考えるべきであり、廃業とは異なる選択肢を検討すべきである。

⑤ リスケに応じることで問題が解決できるわけではない。金融円滑化法のもとでは、リスケによって得られた束の間の資金繰りに安住し、経営改善に取り組まず、結果はゾンビ企業を生み出したことを忘れてはならない。当然にリスケ要請に応じるべきではなく、経営者の覚悟があっての判断である。よって、本肢は「当然に」という表記が不適切である。

【第12問】

正　解：④　　　　　　　　　　　　　　　　　　　　　　正答率：55.3%

① 不適切である。3）→1）→2）の順に考えるのが正しい。3）は相手があることから実際の施策として真っ先に実現するかどうかは別の問題である。

② 不適切である。一部金額が減額していることは当該手形が全く回収不能になったわけではない。固定資産に振り替えて考えるべきである。

③ 不適切である。流動資産の中から不良化流動資産を切り出し、固定資産の中から、現在価値と簿価との差額を把握する、これが財務実態の把握である。「不良化流動資産」ならびに「固定資産時価評価による減算」部分は、換金可能性がないことより、過剰債務に直接関係している場合が多い。

④ 適切である。要償還債務を正味キャッシュフローで割った償還年数で当該企業の格付けを決める場合が一般的であるが、事業支援の本質として、記述は間違っていない。

⑤ 不適切である。企業の財務力を判定する場合、この年にしか発生しなかったような費用や収入を除いて考えるのが正しい。

【第13問】

正　解：④　　　　　　　　　　　　　　　　　　　　　　正答率：85.1%

① 良い傾向と考えられる。一般的に伸びている企業の従業員の勤務ぶりには明るさがあり、活気がある。

② 良い傾向と考えられる。整理整頓の行き届いた会社は効率よく運営されているものである。

③ 良い傾向と考えられる。仕事が順調である裏付けとなる。

④ 新規の金融業者等の名刺やパンフレットがあった場合は、資金繰りの悪化

を疑ってみる必要がある。

⑤　トイレの清掃状況は社内社員のモラールを映し出すケースが多いが、設備が古いことは業績やモラルと必ずしも関係がみられるものではない。当該選択肢は設備は古くとも清掃が行き届いており、業績悪化を疑うものとは考えられない。

【第14問】

正　解：④　　　　正答率：53.1%

①　業況悪化を疑う必要がある。例年と変わらない状況での期末在庫増は、各在庫、不良在庫、退蔵化在庫を疑う必要がある。

②　粉飾を疑う必要がある。製造業において、製造原価には材料費の他固定費が多く含まれるため、同率で減少することは考えにくい。よって、粉飾を疑う必要がある。

③　実態は赤字である。減価償却未実施は、将来に対する備えを怠っているといってよい。このケースでは黒字となっているが、実態は赤字である。

④　業況は好転している。仮に依然債務超過や繰越欠損があったとしても、当期は黒字を確保しており、業況は改善方向にあると言える。

⑤　粉飾を疑う必要がある。このケースでは、利益の落としどころを決めて逆算してＰ／Ｌが作られているケースが多い。

【第15問】

正　解：②　　　　正答率：22.2%

①　適切である。

②　不適切である。不良化しているわけではなく、短期間での回収見込みは低いが、長期的に回収の可能性が残されている。よって固定資産その他に切り分けて考える。

③　適切である。売上の50%をＹ百貨店で上げており、この売上を失うことは、Ｃ社の存亡にかかわる重大事である。株式を売却することで、Ｙ百貨店より、店子を追い出される危険性を排除できない。当社は売上の50%の得るアテを失い、存亡の危機に陥るであろう。よって事業継続ベースに含み益を入れて考えるのは不適切である。

④　適切である。遊休資産は本業が苦しくなった場合、売却して負債の圧縮に宛て、本業を守ることに使うことができる。よって加算して考えるべきである。

⑤　適切である。短期に回収できる見込みがあり、正しい記載である。

【第16問】

正　解：⑤　　**正答率：26.8%**

①　不適切である。原価の中にある。

②　不適切である。直接的営業活動から発生する利益は売上総利益である。

③　不適切である。当社は物品販売業であり、有価証券の売買を恒常的に行っている会社ではない。何かの理由で当該期に売買が行われたものであり、その期にしか発生しないような特別なものである。本来経常利益は、企業の正常な経済活動に基づく期間損益であり、1年間の通信簿と呼ばれる。特殊なものが入りこむと経常利益が歪になり､投資家の判断を誤らせる原因となる。よって不適切｡特別利益に入れて､税引前当期純利益に反映させるべきである。

④　不適切である。工場設備にかかる減価償却は原価、本社社屋は販管費に含める。

⑤　適切である｡一般に固定資産除却損は特別損失に計上されることが多いが、スクラップ・アンド・ビルドをビジネスモデルとしており、この場合毎年、固定資産の除却損の発生を覚悟する必要がある。よって適切である。

【第17問】

正　解：③　　**正答率：76.2%**

①　不適切である。企業側が適切な開示を行わなかったからと言って、即座に取引解消というのは早計である。経営者側の誤解や不安を取り除きながら、情報開示の必要性の認識を得る努力が必要である。

②　不適切である。本部で対応できる先は限られる。営業店主体となって取り組むべき先は多い。その場合本部の持つノウハウ等を営業店に還元できる体制整備、場合によっては経営コンサルタントの紹介等、コンサルティング機能を本部は用意するべきである。

③　適切である。将来に渡って、キャッシュフローを生み出す力がある企業が

再生対象企業である。今は赤字でキャッシュフローを失っていても、将来安定してキャッシュフローを獲得できる見込みのある事業であるなら、再生の検討に値する。

④　不適切である。金融機関にとっても暫定リスケ後に備えた適正な引き当てが求められている。

⑤　不適切である。会社経営者が実態を直視できない理由の一つに、金融機関の力不足がある。該当企業の事業、損益状況、財務内容を正しく把握し、経営者に納得させるだけの理論武装ができない支店長が多い。仮に、理路整然と説明できたとしても、素直に会社経営者の理解が得られることは少ない。

しかしながら、ただ潰れるのを待つのではなく、その会社の事業価値の一部でも世に残すこと、その価値をもって債務の弁済に充てることは、経営者の社会的責任と言える。

よって金融機関は、定量定性分析に基づく将来へのシミュレーション（明確な判断材料と資料）を行い、現経営者と次世代経営承継予定者との間に入って、調整を行う必要がある。

一般に中小企業の場合、親子間の承継が最初に俎上にあがるものだが、親子だからこそ意思の疎通が難しいケースもある。そんな時こそ支店長の出番である。

【第18問】

正　解：④　　**正答率：12.8%**

①　修正を必要とする。税務会計的には、税引き前利益に変化が現れるわけではなく、税金に影響は出ない。よって、税理士は「税務会計的に認められた変更の範囲」というが、ファイナンスで考えると、経常利益を実際より大きく見せることになる。

②　修正を必要とする。製造部門を有し、製造原価に減価償却資産があるはずである。該当する項目が無いということは、減価償却の未実施がある。

③　修正を必要とする可能性を残している。製造部門を有し、製造原価に減価償却資産があるはずである。しかし、普通償却範囲額で定められた上限まで償却を行っているかどうかは、分からず、減価償却の未実施があれば、実収益力と実態ＢＳを修正する必要が生まれる。

④　修正は必要としない。固定資産除却損は一般に特別損失（費用）に仕分けされる。スクラップ&ビルドをビジネスモデルとする当社の収益計画を立てる場合、毎期一定の固定資産除却損を見込む必要があり、恒常的に発生が見込まれる費用を特別損失とすることは経常利益をゆがめることになる。ファイナンスの立場では修正して考える必要がある。

⑤　修正を必要とする。ファイナンスの立場で見ると、台風被害は特殊なものであり、毎年起こる事象ではなく、営業外損益で考えるべきではない。台風に伴い発生した費用も営業外損益にあげてあるから問題ない……という意見もあるだろうが、「費用＞収入」であれば、その企業の持つ本来の収益力を過小評価することになり、「収入＞費用」であれば、過剰評価することになる。

【第19問】

正　解：④　　　　**正答率：54.5%**

①　適切である。業況悪化を疑う必要がある。例年と変わらない状況での期末在庫増は、各在庫、不良在庫、退蔵化在庫を疑う必要がある。

②　適切である。粉飾を疑う必要がある。当社は製造業であり、製造原価には材料費の他固定費が多く含まれるため、同率で減少することは考えにくい。よって、粉飾を疑う必要がある。

③　適切である。実態は赤字である。減価償却未実施は、将来に対する備えを怠っているといってよい。このケースでは公表では黒字となっているが、実態は赤字である。

④　不適切である。業況は好転している。仮に依然債務超過や繰越欠損があったとしても、当期は黒字を確保しており、業況は改善方向にあると言える。

⑤　適切である。粉飾を疑う必要がある。このケースでは、利益の落としどころを決めて逆算してＰ／Ｌが作られているケースが多い。

【第20問】

正　解：②　　　　**正答率：97.4%**

①　債務者側に有利なように変更することをリスケジューリングと呼んでいる。

②　通常、金融機関は正味運転資金に対する融資は、短期に現金化される資産

に裏付けられていることから、無担保で融資している場合が多い。しかし、その在庫に担保が設定されると、正常な運転資金として考えていた融資が、在庫担保による赤字補填資金の融資の結果、実質裸与信となり、高リスクの融資にすり替わることになる。

③　月中の日繰りを意識しておかないと、入金日と支払日のミスマッチで資金ショートを生じる。

④　本設問は「要注意先〜要管理先」であり、信用不安に発展する場合もある。

⑤　不足資金は借入で賄うのが一般的であるが、都度長期資金で調達すると、返済負担が膨らみ、当社の資金繰りをいっそう悪化させることになる。

【第21問】

正　解：③　　**正答率：83.3％**

①　不適切である。監督指針、事務年度監督方針等で、債務者の業況や財務の改善につながることで債務償還能力の向上に資すると判断される場合には、新規与信供与も検討することが求められている。

②　不適切である。買掛債務の支払期間の延長は、当社が窮境企業であった場合、仕入を止められ、即倒産と言った事態も想定できる。

③　適切である。中小企業は相対的に立場が弱く、些細なことで、仕入先から仕入を止められてしまうリスクにさらされていることを忘れてはならない。

④　不適切である。年間キャッシュフローの範囲で、返済可能なように調整することを検討すべきである。

⑤　不適切である。借入金が設備投資目的であるとしたら、投資した機械設備が稼働している間にその返済は終えるべきである。機械が稼働しなくなった後にも、返済が残っているようだと、将来に負担を先送りすることになり、事業価値の毀損につながることを忘れてはならない。

【第22問】

正　解：④　　**正答率：75.3％**

①　不適切である。3）1）2）の順に考えるのが正しい。3）は相手があることから実際の施策として真っ先に実現するかどうかは別の問題である。

②　不適切である。一部金額が減額していることは当該手形が全く回収不能に

なったわけではない。固定資産に振り替えて考えるべきである。

③　不適切である。事業継続ベース、清算ベースで違う。また減価償却の不足は、どちらのケースも修正してみるべきである。

④　適切である。（狭義）要償還債務を正味キャッシュフローで割った償還年数で当該企業の格付けを決める場合が一般的であるが、事業支援の本質として、記述は間違っていない。※狭義の要償還債務＝有利子負債－運転資金見合の貸出金。

⑤　不適切である。この年にしか発生しなかったような費用や収入を除いて考えるのが正しい。

【第23問】

正　解：④　　**正答率：78.1%**

①　過剰債務の圧縮は、借入金を適正規模まで圧縮することであり、債務超過の解消とは異なる。現状安定して獲得できると期待される収益力で返済可能と判断されるのであれば、仮に債務超過であっても過剰債務の圧縮はなされたことになる。

②　3）⇒1）⇒2）が正しい手順である。

③　収支ズレを解消することによって正味運転資金は減少し、有利子負債は減少する。

④　特に買入債務の長期化交渉は、窮境状況の企業にはリスクが大きい。

⑤　2011年11月に金融庁が公表した「資本性借入金の積極的活用について」において、担保付も認めている。

【第24問】

正　解：③　　**正答率：79.0%**

①　金融機関は民間企業であり、株主や預金者に対して大きな責任を負っており、合理的な理由のない債務免除はできない。財務リストラを検討する手順として、1）流動資産の効率化や不良資産売却等の財務運営の効率化、2）貸出金の返済条件変更（リスケジューリング）、3）債務免除等の金融支援、の順である。

②　本業を維持するために必要な投資もある。例えば、取引先の上場株式の取

得等である。

③　過剰債務とは現状の返済能力を超えた債務のことである。

④　負債を資本に振り替えるのは、DESである。DDSは、債務を返済順位の劣後する債務に振り返ることであり、負債の劣後化である。

⑤　一時的にせよ、返済を繰り延べることについてはリスケジュールとなんら変わることはない。安易な導入は経営者のモラルハザードを招くことになる。

【第25問】

正　解：⑤　　**正答率：37.2%**

①　不適切である。工事運転資金を上回る莫大な手元現金を持つ場合等を除き、工事引き当て代金の入金次第によって資金繰りは窮地に追い込まれる。

②　不適切である。新規信用供与により新たな収益機会や中長期的な経費削減等が見込まれ、それが債務者の業況や財務等の改善につながることで債務償還能力の向上に資すると判断される場合には、新規与信供与も検討することが求められている。

③　不適切である。キャッシュフローが不足しており、営業規模を維持するためには再調達資金を必要とする状況が生まれている。当社にとっては問題の解決には至っていない。放置すれば縮小均衡が生じる

④　不適切である。コロナ禍では、経営者は事業継続マインドを失い予期せぬ過剰債務に悩むケースが増える。短期継続融資と言えども期限の利益は短期であり、経営者には金融機関の出方ひとつで窮地に追いやられると不安が残る。要償還債務からキャッシュフローで返済可能な部分を控除した長期資金不足部分については、疑似資本的資金の検討を行う必要がある。

⑤　適切である。上記④に同じ。

【第26問】

正　解：①　　**正答率：78.0%**

①　不適切である。基本は経営者が作成するべきである。一方で、経営者の意志が入ったものなら、金融機関職員が協力して作成することはある。

②　適切である。相手経営者が語る戦略戦術が合理性があるものかどうかをジャッジする力は必要。

③　適切である。収益力の増強につながる要素をできるだけ因数分解し、それに対する施策を導き出し、当該企業の特性に合わせ有効な手段を選択することが重要である。

④　適切である。例として「ラジカセ」。ラジオはテレビに押され、カセットは家庭用オーディオに押され終わりかけていたが、互いを組み合わせるとこで新たにラジカセと言う価値を創造した事例である。

⑤　適切である。エルメス、ルイヴィトン等。

【第27問】

正　解：②　　**正答率：83.9%**

①　不適切である。経費の見直しは聖域を設けるべきではない。本ケースの場合、過去および現在の取引関係を無視するわけにはいかないのは勿論ながら、見積りすら最初から拒否するのは間違いである。

②　適切である。外注は人件費を外に払っている側面があり、正しい考え方である。

③　不適切である。解雇を伴う直接的な人員削減は最後の手段である。

④　不適切である。収益力増強策は、あらゆる可能性について検討すべきであり、「その場で却下」は不適切である。

⑤　不適切である。2年後、簿価を残したまま最新機械の導入することになり、リース等検討すべきである。

【第28問】

正　解：⑤　　**正答率：81.7%**

イ、ウ、オは、事業リストラ中の企業にとっては仕入れを止められると即倒産に至るケースがあり注意を要す。よって、この3つを含む、⑤が正しい。

【第29問】

正　解：④　　**正答率：81.1%**

①　不適切である。計画を策定することが目的ではなく、実行し実効を上げることが目的である。金融機関にとって債務者区分の上位変遷は付随的な価値である。

② 不適切である。経営者に改善の意欲があり、かつ、経営者も十分に納得した計画であることが重要。

③ 不適切である。中小企業者の場合、（ⅰ）何をどうしてよいかわからない、（ⅱ）社内に作成できる人材がいない、（ⅲ）社長は資金繰り等で忙しい等で、難しい。本来は、そうあってほしいのは事実であるが、まずは丁寧に向き合うことが重要である。

④ 適切である。

⑤ 不適切である。不動産の売却は相手があって成り立つ。売却の実現時期については専門家と十分に協議し、織り込むことが必要である。仮に計画初年度に織り込んで売却できなかった場合、資金繰り、収益（支払金利相当）に与える影響は大きく、計画の頓挫につながりかねない。

【第30問】

正　解：①　　**正答率：83.0%**

① 適切である。売り場面積の拡大は賃貸料の増加や場合によっては設備投資を伴う。営業時間の拡大は、人件費の膨張、光熱費の増加を招き、記述としては正しい。利益の改善につなげるには条件がある。

② 不適切である。人気商品とのセット販売は、当該商品の認知度を上げることと販売個数の増加に貢献する。販売単価を引き上げるには付加価値の向上が必要となる。

③ 不適切である。顧客が当社を選んでくれる理由が重要である。売れ筋ではないが商品ラインナップが豊富ということで選ばれているケースもある。

④ 不適切である。顧客目線の業務運営の立場で考えれば、金融機関はリースも選択肢としてアドバイスするべきである。

⑤ 不適切である。仕入価格の引き下げ、経費の圧縮も利益につながる。

【第31問】

正　解：④　　**正答率：85.8%**

① 不適切である。中小企業の場合、請求を忘れているため回収が進んでいない等というケースは意外と多く、業況不振による回収長期化と断定してしまうのは、不適切である。

② 不適切である。相手に有利な条件を提示することで当社にとって有利な取引条件を引き出せる。最も大きな効果は支払条件の改善交渉が可能となる点にある。在庫コンロールには一般的に影響しない。

③ 不適切である。計算するまでもなく最終的な現金化は遅れ資金繰りは悪化する。

④ 適切である。窮境企業の場合、支払条件の長期化は仕入れを止められるリスクがある。

⑤ 不適切である。直結するわけではない。売り場面積の拡大は、陳列に工夫ができ、幅が広がり、商品ラインナップの充実も図れ、売上につながることもあるが、拡大するための投資や賃借等が発生し、損益分岐を下回れば利益にはつながらない。

【第32問】

正　解：③　　　　（模擬問題）

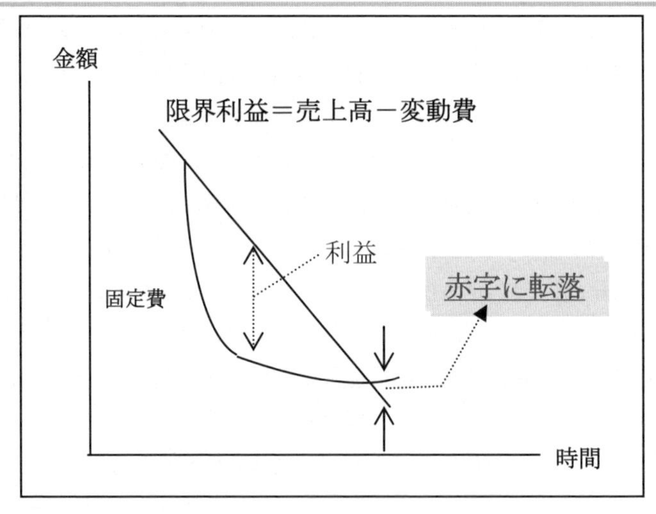

【第33問】

正　解：②　　　　正答率：82.8%

① 不適切である。認められていない。

② 適切である。就業規則に「解雇」について適切に明記されていることが必

要。

③　不適切である。退職の強要にあたる可能性があり不適切。

④　不適切である。整理解雇４条件（整理解雇３）において、対象者の選別の合理性が求められる。

⑤　不適切である。有期雇用がある場合、その雇止めには雇用契約書にその旨が明記されていることが必要。

【第34問】

正　解：③　　**正答率：71.7%**

①　不適切である。根拠が明確でないのに、経営者へのヒアリングのみをもって売上計画を作成するのは、適切でない。

②　不適切である。必ずしもそうとは断言できない。例えば、仕入先の資金繰り支援のために支払いを早めているケース等もある。

③　適切である。取引条件の違う取引先のシェアが変われば起こり得る。

④　不適切である。少額固定資産の買い替えやメンテナンス投資が必要であり、全額を実質長期債務の返済財源と考えるのは危険である。

⑤　不適切である。会社にとって必要な人材を抽出し、彼等を繋ぎとめる為に必要な人件費を算出したうえで、総人件費の削減を検討すべきである。

【第35問】

正　解：③　　**正答率：95.3%**

①　不適切である。あくまで私的整理であり、債権者の合意があれば柔軟に対応できる項目もある。

②　不適切である。計画策定の主体は経営者である。少なくとも、債務者の実態に即したものであることが必要である。

③　適切である。関係者がそれを共有できなければ、空回りに終わり、成果を上げることは難しい。現状と問題点・課題の正しい認識に立って、関係者が再生に向かうための大きな方向感を共有することが再生の第一歩につながる。

④　不適切である。経営者がすべきことは、目先の決済であり、資金繰りに時間を取られている暇はない。金融機関職員が必要な情報を聞き出し、資金繰

りを見定めることが必要となる。

⑤　不適切である。リスケ期間中は特殊な場合を除いてニューマネーの調達は困難と考えておくべきである。したがって、得られるキャッシュフローの全額を返済原資とするのは危険である。メンテナンス費用や更新投資に必要な資金はキャッシュフローから控除して考える慎重さが求められる。

【第36問】

正　解：③　　　　正答率：72.3%

①　不適切である。一般的に用いられている債務者区分の目安は、正常先で10年以内、要注意先が10～20年、破綻懸念先が20年超であるが、キャッシュフロー査定の具体的数値基準を金融検査マニュアルでは定めていない。各金融機関が自己責任において独自の基準を用いている。

②　不適切である。変動費とみなされる細目が、別の業種であれば固定費と見ることの適切な場合がある。

③　適切である。中小企業再生支援協議会は私的整理手続であり、納得できない場合は拒否できる。

④　不適切である。商品の提供を止められて一気に破綻というケースが考えられるが、経営者の本気度を測る絶好のバロメーターとなる。もちろん、強引な押し付けが不適切なのは言うまでもない。

⑤　不適切である。窮境状況にある企業とはいえ正常運転資金の融資である以上は、短期継続融資で対応を検討すべきである。リスク回避について検討する必要はあるが、「証書貸付の約定弁済付きで融資を行うのは当然」とはいえない。

【第37問】

正　解：④　　　　正答率：32.6%

①　不適切である。5年ではなく3年である。

②　不適切である。5年ではなく3年である。

③　不適切である。保有株式が50%以下であっても、その会社を実質的に支配しているオーナーや親会社も含まれる。

④　適切である。

⑤　不適切である。原則退任を求められる。

【第38問】

正　解：⑤　**正答率：82.5%**

①　不適切である。30%が悪いと言っているわけではなく、30%必要な根拠がいる。

②　不適切である。販売先における店舗改装等の一時的な休業が原因である場合と、通年を通じて売上が減少している場合では考え方が違う。試算表による足元のチェックは重要。期中の計画が下振れした場合、年間計画を下方修正しないように操作されたものが依然として存在する。

③　不適切である。試算表による足元のチェックは重要。期中の計画が下振れした場合、年間計画を下方修正しないように操作されたものが依然として存在する。

④　不適切である。従業員のモラールの低下、リーガル問題の発生等十分な検討が必要である。とくに退職を伴う雇用調整は、最後の手段として考えるべきである。

⑤　適切である。

【第39問】

正　解：③　**正答率：52.2%**

Ａ＝安定的に期待できるＣＦ　ｒ＝割引率　ｋ＝計算期間

$$現在価値 = \frac{A}{(1+r)^k}$$

以下個別に現在価値を計算し合計すると　2486,850 円⇒約 249 万円

	$(1+r)^k$	現在価値
1 年後	1.1	909,090
2 年後	1.21	826,446
3 年後	1.331	751,314
		2486,850

【第40問】

正　解：⑤　　**正答率：51.7%**

ＥＢＩＴＤＡ＝償却前営業利益
＝営業利益＋減価償却実施額（製造原価、販管費）
＝ 60 百万円＋（40 百万円＋ 10 百万円）
＝ 110 百万円

期待利回り＝ＥＢＩＴＤＡ÷事業価値
事業価値＝ＥＢＩＴＤＡ÷期待利回り
＝ 110 百万円÷ 15%
＝ 733 百万円（正解）

【第41問】

正　解：④　　**正答率：51.5%**

①　不適切である。外部環境や内部環境の変化によってブレが生じるのは普通である。目論見違いということも起こり得る。計画乖離の原因を日頃から分析し対応策を的確に打つことが大切である。

②　不適切である。決算報告は当然のことであり、経営改善ステージにある企業のモニタリングとしては不十分である。少なくとも２カ月に一度、できれば毎月経営者自身に報告を求める必要がある。

③　不適切である。大企業であれば取引条件を自社の都合に合わせて決めることが可能であろうが、中小企業の場合は相対的に力が弱く、取引先の都合に合わせなければならないケースが多い。「主要取引先の取引条件が変更になる」「売上、利益率に変化はなくとも、取引条件の違う取引先のシェアが変わるだけで必要な運転資金は変化する。経営者の報告に意図的な隠ぺいがあると判断するのは拙速である。よって不適切である。

④　適切である。売上が利益の源泉であり、真っ先に確認すべき事項である。売上が計画と乖離した理由を突き詰めることにより、次なる打ち手を見出し、現状の打開につながる。単なる数値報告に終わらせないことが肝要である。

⑤　不適切である。実務的にコンサルティング・ファームを使うことは有効である。しかし当事者は経営者であり最大のステークホールダーは金融機関である。経営者、金融機関とも無自覚な対応であり無責任ともいえる。金融機

関も強く当事者意識を持ち、モニタリングに於いても積極的にかかわるべきである。

【第42問】

正　解：④　　**正答率：81.0%**

① 外部環境や内部環境の変化によってブレが生じるのは普通である。目論見違いということも起こり得る。計画乖離の原因を日頃から分析し対応策を的確に打つことが大切である。

② 決算報告は当然のことであり、経営改善ステージにある企業のモニタリングとしては不十分である。少なくとも２カ月に１度、できれば毎月経営者自身に報告を求める必要がある。

③ 大企業であれば取引条件を自社の都合に合わせて決めることが可能であろう。一方、中小企業の場合は相対的に力が弱く、取引先の都合に合わせなければならないケースが多い。「主要取引先の取引条件が変更になる」「売上、利益率に変化はなくとも、取引条件の違う取引先のシェアが変わるだけで必要な運転資金は変化する」。経営者の報告に意図的な隠ぺいがあると判断するのは拙速である。よって、不適切である。

④ 売上が利益の源泉であり、真っ先に確認すべき事項である。売上が計画と乖離した理由を突き詰めることにより、次なる打ち手を見出し、現状の打開につながる。単なる数値報告に終わらせないことが肝要である。

⑤ 実務的にコンサルティング・ファームを使うことは有効である。しかし、当事者は経営者であり最大のステークホルダーは金融機関である。経営者、金融機関とも無自覚な対応であり、無責任ともいえる。金融機関も強く当事者意識を持ち、モニタリングにおいても積極的にかかわるべきである。

【第43問】

正　解：②　　**正答率：46.9%**

C. 次世代経営者の有無は事業承継の問題であって喫緊の経営改善の課題ではない。

D. お取引先の協力は、支援継続可否判断の要素であり、当社が固有にもつ資源ではない。

G. 計画乖離を生じた外部的要因は自社の努力で取り除けるレベルのものではなく明らかに、当社の経営資源ではない。

よって、正解は②である。

【第44問】

正　解：③　　**（模擬問題）**

① 不適切である。使っていない経営改善の資産を活用し、再計画が可能かを検討する必要がある。経営者に難があれば、次世代経営者の教育を含めてターンアラウンドマネージャーを投入するなどの努力が必要である。

② 不適切である。利益、キャッシュフローとも獲得できていることから、ハードルは高いが、抜本的な（実質債権放棄を伴うような）金融支援を検討すべきである。

③ 適切である。

④ 病気療養による一時的な足踏みであり、事業性が損なわれたわけではない。一方、回復間近とはいえ、経営者の健康状況は将来的には不透明である。しかしながら、長男者が後継者としての自覚をもって家業引き継ぎに取り組んでおり、この弱点を補完している。以上から、現状の低迷は一時的なもので計画達成が数年遅れるに過ぎず、支援打ち切りは適切ではない。

⑤ 不適切である。情報開示は不十分で、試作品すら確認できていない状況にあることから、資金対応についての決断は拙速である。

【第45問】

正　解：③　　**（模擬問題）**

① 不適切である。清算価値と事業継続価値の比較で判断される。そもそも金融機関にとっての経済合理性の判断とは、すぐに清算した場合に得られる清算配当と、事業を継続させることによって得られる返済額のどちらが大きいかで判断することを言う。

② 不適切である。割引率は、経済状況の変化（インフレ・デフレ・貸出金利・預金金利等）が影響する上、地域間格差もあり、合理的に導き出すのは難しい。通常経験的に10～20%の範囲で検討しているのが実情である。

③ 適切である。企業全体では赤字を継続し、ＥＢＩＴＤＡも失われているが、

よく調べてみると「競合他社と比較して圧倒的に上回るレベルの能力のある分野を持つ」「競合他社に真似のできない核となる技術がある」といった企業が中小企業には存在する。あくまで数字面を撫でるのではなく、中身を掘り下げて企業価値を探してみるというスタンスが中小企業にとっては特に重要である。定量的な側面だけではなく、企業のコアコンピタンスにも着目し、事業として存続価値があるかどうかを見極めたい。

④　不適切である。「債権者平等の原則」に反するとして、大きな問題に発展する可能性がある。

⑤　不適切である。何においても経営者に会う努力を行うことが重要である。合わせて契約書保管センター等を通じて契約書の確認も重要となる。初動の遅れはその後の債権回収に影響を及ぼすことから、営業店では日頃からのシミュレーションを求められる。

第3章

営業店に求められる事業性評価の実務

～学習の手引き（第３章）～

テーマ	80回	81回
１．「ニーズ」を切り口にした正常先企業との取引深耕		
（１）企業の成長戦略と取引銀行の支援の仕方	①	①
（２）事業の再構築	①	①
２．営業店に求められる「経営改善計画」への関与		
（１）経営改善計画を巡る諸問題	①	①
（２）経営改善計画未策定先への対応	①	①
（３）経営改善計画の進捗に問題がある先への対応	①	②
（４）取引正常化に向けた営業店の支援	①	①
３．事例に学ぶ中小企業の事業性評価		
（１）現場の実情		
（２）知ってナットク事例集から学ぶ事業性評価	①	①
（３）短期継続融資	①	
（４）いわゆる事業性評価の罠と地域金融機関に対する期待		
４．ビジネス俯瞰図、ＳＷＯＴ分析等を用いた事業性評価		
（１）事例「和洋中華等業務用食品卸」および「S水産加工品製造販売」		
（２）ＳＷＯＴ分析思考パターン例	①	①
（３）まとめ「いわゆる事業性評価シート」作成の目的とプロセス	①	①

※丸数字は出題数。

＜１．「ニーズ」を切り口にした正常先企業との取引深耕＞

・成長企業のライフステージ別の課題は何か、金融機関借入れ以外のファイナンスの付け方にはどのようなものがあるかなど、企業の成長戦略に応じた事業性評価・支援の仕方を学習する。

・また、企業の成長は、企業価値の向上と言い換えることもできる。現在行っている事業の「効率的な運用を目指し、効率的に資金を投入し、効果的に経営資源を投入する」ことによって、今以上に成長が可能となる。そのための分析手法とソリューションについて学習する。

・各種のファイナンス手法や企業価値向上に向けたソリューション例について、それぞれの内容や特徴を理解しておきたい。

＜２．営業店に求められる「経営改善計画」への関与＞

・金融行政や専門家支援の枠組みなど、経営改善計画を巡る状況と問題について理解する。また、認定支援機関である営業店の行職員にはどのような役割が求められているかを理解する。

・経営改善計画については、未策定の先、あるいは、経営改善計画を策定したものの計画の進捗に問題がある先について、金融機関はどのように対応したらよいか、また、計画の進捗状況を把握し、計画乖離が生じた場合、どのような手を打つべきかについて、学習する。

＜３．事例に学ぶ中小企業の事業性評価＞

・営業店で実務的に実施可能な事業性評価の着眼点を“貸し剥がし防止”のために書かれた「知ってナットク！事例集」を通じて理解する。

・中小企業金融において、短期継続融資への取組みは重要な本業支援であり、事業性評価の基本である。「知ってナットク！事例集」に取り上げられた事例等をもとに、短期継続融資の理解を深めておきたい。

・テキストの事例を素材とした出題がなされているが、他テキスト等の復習といった面もあるので、総仕上げとしてポイントを押さえた学習が望まれる。

＜４．ビジネス俯瞰図、ＳＷＯＴ分析等を用いた事業性評価＞

・営業店の現場では、ＳＷＯＴ分析を進める上で必要な情報を余すことなく開示してもらえることは少ない。限られた情報と時間の中で、観察と会話を通じて実態の把握が求められる。現実に営業店で遭遇する場面を想定し、事業性評価を試みた事例を学習する。

・上記３．と同様、テキストの事例を素材とした出題がなされている。

第３章の出題

1 「ニーズ」を切り口にした正常先企業との取引深耕

第1問

事業性評価（理解）に関する次の記述のうち、最も不適切なものを一つ選びなさい。

① 当社の製品がどのルートで仕入れされているかを突き詰めると、安定した仕入れが期待できるのか、あるいは、仕入れの効率化を提案できるのか等の判断につながる場合がある。
② 販売先を調査するにあたって、当社の製品がどのような理由で顧客に選ばれているのかについて理解・把握することは、当社の強みを知るうえで有効である。
③ 販売先数、主要先の販売比率を把握するには、経営者との深い信頼関係が必要であり、資料等では読み取れない領域である。
④ 販売先にとって当社と取引するメリットとして、「価格」、「納期」、「（距離的な）近さ」「品質」「融通が利く」等があげられる。
⑤ 事業性を理解するうえで、当社の競合相手を意識して比較する視点は重要である。

解答：P.124

第2問

事業ポートフォリオ改善に活用されることの多い手法に関する次の記述のうち、最も適切なものを一つ選びなさい。

① ＭＢＯは、現在の経営陣でない株主が買収側に回る事業承継手法の一つである。
② ＴＯＢは、主体者は経営陣でない株主であることから、必ず敵対的買収に

なる。

③　会社分割は、事業の全部または一部を新会社として独立、または他社への吸収の手段とする行為であり、債権者保護手続が必要となる。

④　合併は、契約により複数の会社が合併し一つになる手法であり、事業譲渡もこれに含まれる。

⑤　株式交換は、合併による株式関係を整理するために行われる手法である。

解答：P.124

第3問

事業の再構築にかかる、手法、あるいは、金融機関の判断について問う。最も適切なものを一つ選びなさい。

①　経営改善が必要な企業や事業再生が必要な企業にとって、アウトソーシングはコスト高の部門を外部委託することによって効率化を図ることができる最も有効な手段の一つである。

②　物品販売業のＡ社は、回転の悪い周辺商品を排除し、売れ筋商品に絞り込むという品揃えの変更を考えている。選択と集中の実現であり､当然である。

③　オーナーでない株主が株式を買収する行為は、事業と雇用を守るうえで、大きな摩擦に発展することの少ない有効な手段である。

④　会社分割の場合、単に事業の売買を行うのではなく、会社の一部を他の会社に承継させることになり、債権者保護手続きが必要となる。

⑤　事業譲渡を受ける側は、譲渡に伴い雇用を調整できることから業務の効率化の上で効果的である。

解答：P.124

第4問

ＲＯＩＣツリーに関する次の記述のうち、最も適切なものを一つ選びなさい。

① ＲＯＩＣとは、企業が事業活動のために投じた資本に対し、本業でどれだけ儲けたかを示す指標のことをいい、企業価値の向上につながる指標の連鎖を図式したものをＲＯＩＣツリーという。一般的に、大企業よりも中小・零細企業に応用可能な分析手法である。

② ＲＯＩＣとは、企業が事業活動のために投じた総資産に対し、本業でどれだけ儲けたかを示す指標のことをいい、税引前利益の向上につながる指標の連鎖を図式したものをＲＯＩＣツリーという。決算書に一定の信頼性が置けるという前提があってＲＯＩＣツリーによる課題抽出は有効となる。

③ ＲＯＩＣとは、企業が事業活動のために投じた資本に対し、当社全体でどれだけ儲けたかを示す指標のことをいい、税引前利益の向上につながる指標の連鎖を図式したものをＲＯＩＣツリーという。決算書に一定の信頼性が置けるという前提があってＲＯＩＣツリーによる課題抽出は有効となる。

④ ＲＯＩＣとは、企業が事業活動のために投じた資本に対し、本業でどれだけ儲けたかを示す指標のことをいい、企業価値の向上につながる指標の連鎖を図式したものをＲＯＩＣツリーという。中小・零細企業には一般的に馴染みにくい手法である。

⑤ ＲＯＩＣとは、企業が事業活動のために投じた総資産に対し、当社全体でどれだけ儲けたかを示す指標のことをいい、税引前利益の向上につながる指標の連鎖を図式したものをＲＯＩＣツリーという。中小・零細企業には一般的に馴染みにくい手法である。

解答：P.125

第5問

成長企業へファイナンスを付ける場合等の方法として、中小零細企業の活用に最も向かない（取り組みにくい）ものを次のうち、一つ選びなさい。

① 財務構成の是正
② ＡＢＬ（Asset‐based　Lending）
③ セール＆リースバック
④ 資産・債権の流動化
⑤ 少人数私募債

解答：P.126

第6問

業績不振事業から撤退する場合のソリューションとその特徴に関する次の記述のうち、最も適切と思われるものを一つ選びなさい。

① 事業譲渡の対価は、金銭でなければならず、譲受会社の株式を用いることはできない。
② 合併とは、契約により複数の会社が一つになることをいう。グループ会社を合併することで、効率的な事業運営と経営資源の有効活用を図る目的で使われたり、競争の激化の中で、自社の弱点を補強する目的で行われることもある。
③ 会社分割においては、会計上の処理と税務上の取扱いについて、別個の基準があり、税制適格として課税繰延措置を受ける場合、資産は時価で移転されるため譲渡損益が発生する点に留意しておく必要がある。
④ ＴＯＢは、現在の経営陣でない株主が敵対的に行う買収行為であり、中小企業のＭ＆Ａにおいても活用例が多い。
⑤ ＢＰＲ（Business　Process　Re-Engineering）は、既存の組織やビジネスルールを抜本的に見直し再設計することをいう。生産性の向上、人員削減、リードタイムの削減等が、現場での混乱を招くおそれ等もなくスムーズに実

施できることから、もっと積極的に使われてよい手法である。

解答：P.126

第7問

事業ポートフォリオ改善によく使われるソリューションを解説した下記の記述の空欄（A）～（E）に入る語句の組合わせとして、最も適切なものを一つ選びなさい。

（　A　）は、事業の一部を新会社として独立、または他社へ吸収させることをいう。一方、（　B　）は、事業の選択と集中を行う中で、分離する事業資産を活かしながら企業の体質強化を図る。（　B　）では、従業員の雇用契約は（　C　）。

（　D　）はオーナーでない経営者が、事業の継続を前提として、オーナーや親会社から株式を買い取り、経営権を取得する。コアではないが成長する可能性のある事業分野について、分離独立させれば、会社のスリム化につながり、（　E　）のインセンティブ向上にもつながる。

① A：会社分割　B：事業譲渡　C：当然には移転しない
　D：ＭＢＯ　E：従業員
② A：会社分割　B：事業譲渡　C：当然に移転する
　D：ＭＢＯ　E：経営者
③ A：事業譲渡　B：会社分割　C：当然に移転する
　D：ＭＢＯ　E：従業員
④ A：事業譲渡　B：会社分割　C：当然に移転する
　D：ＴＯＢ　E：経営者
⑤ A：会社分割　B：事業譲渡　C：当然には移転しない
　D：ＴＯＢ　E：従業員

解答：P.127

第8問

下記表は企業がリスクに見合った利益を上げていない場合の改善策探究のための手順を「事象」「問題点・要因」「検討例」の順で示したものである。空欄(A)～(E)に入る最も適切な組み合わせを一つ選びなさい。

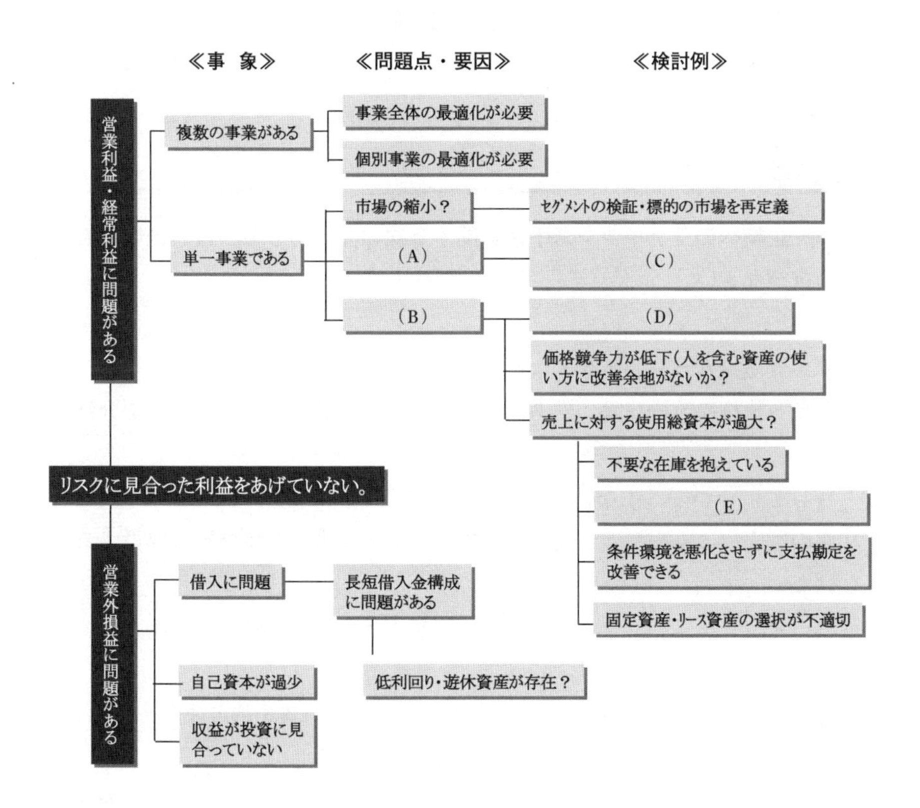

① (A) 単位利益が低下 (B) シェアが低下 (C) 経営力の低下 (D) 原材料商品の調達に改善余地 (E) 受取勘定が不必要に長期化している

② (A) 単位利益が低下 (B) シェアが低下 (C) 商品サービスの陳腐化？付加価値の加算等差別化 (D) 経営力の低下 (E) 受取勘定が不必要に短期化している

③ (A) シェアが低下 (B) 単位利益が低下 (C) 商品サービスの陳腐化？付加価値の加算等差別化 (D) 原材料商品の調達に改善余地 (E) 受取勘定

が不必要に長期化している

④ （A）単位利益が低下（B）シェアが低下（C）商品サービスの陳腐化？付加価値の加算等差別化（D）原材料商品の調達に改善余地（E）受取勘定が不必要に短期化している

⑤ （A）シェアが低下（B）単位利益が低下（C）経営力の低下（D）原材料商品の調達に改善余地（E）受取勘定が不必要に短期化している

解答：P.128

第9問

取引先企業へのファイナンス手法に関する次の記述のうち、最も適切なものを一つ選びなさい。

① 固定資産はＡＢＬの審査となりえない。

② 資産・債権の流動化は、数あるリスクのうち、棚卸資産のリスクを分離する。

③ ＡＢＬについて、主な担保として活用されるのは売掛金と在庫であるが、在庫の販売により売掛金が発生する場合であっても、一体で担保取得することはない。

④ セール＆リースバックとは、事業資産を売却した後にリース資産として賃借して使用する手法をいう。

⑤ 財務構成の是正を図るために、既存の約定弁済付融資を取りまとめる場合、弁済期間が長期であるほど当該企業にとっては望ましい。

解答：P.128

2　営業店に求められる「経営改善計画」への関与

第10問

経営改善計画未策定先への対応に関する次の記述のうち、最も適切なものを一つ選びなさい。

① 中小企業では、基本的に人材不足であるうえ、「計画策定にかかわる時間がない」、「経営改善計画（再生計画含む）を策定したくともその方法すらわからない」という先が多いことから、経営改善計画は、事業に詳しい専門家に一任することも仕方がない。
② ローカルベンチマークは「財務情報」と「非財務情報」から構成され、経済産業省がこれを作成することで、事業性を評価できるという目的をもって作成されたものである。
③ 再生実務で真っ先に取り組むべきは資金繰りの把握である。
④ 窮境状況にあり、資金繰りに窮している。今、金融機関の一部から強く返済要求があり、法的手続をちらつかされている。そこで、社会保険料の支払いを一時留保して、当該金融機関の返済に充てさせることにした。
⑤ 経営改善計画策定時には、通常発生するメンテナンス投資や更新投資を織り込んで考える必要はない。

解答：P.129

第11問

具体的に経営改善計画（再生計画含む）策定を進めていくうえで留意する点に関する次の記述のうち、最も適切なものを一つ選びなさい。

① 役員報酬は、オーナー企業でない限り、まず最初に手をつけるべきである。
② 人件費の削減は、一律に一定割合で削減すればよいというものではない。
③ 法定外福利費の削減には特に慎重であるべきだ。
④ 人件費は経費の中で大きな比重を占めることから、退職を伴う雇用調整はまず最初に行うべきである。

⑤　税理士報酬等の報酬的経費の見直しは、原則として行うべきではない。

解答：P.129

第12問

窮境企業の支援継続あるいは支援打ち切りに関する次の記述のうち、最も適切なものを一つ選びなさい。

①　経営改善計画の進捗に問題がある企業である。同社はまだ収益を生む事業には成長していないが、将来成長が見込まれる事業がある。某企業がこの事業の事業譲受を高価格で申し込んできた。これを売却することで債務超過は解消し、財務体質は改善するので、事業は改善に向かうと言ってよい。

②　経営改善計画を再策定する場合、1）売却可能な資産・資源、2）削減可能な経費、3）新製品開発計画、4）販路拡大の見込み、の４つにわたって活用できる資源が残っていることが必要である。

③　中小企業の場合、企業再建の鍵は、大きくは「有利子負債を圧縮できるか」、「キャッシュフローを改善できるか」の２点であり、「有利子負債の圧縮」の方がより重要である。

④　2016事務年度金融行政方針において金融庁は“日本型金融排除”という表現を通じ、支援企業に対する支援打ち切りをしないように各金融機関に強く求めた。

⑤　再生支援企業の支援打ち切りのタイミングを計るアラームの一つとして、例えば、「最近経営者が本気に営業活動を始めた（企業側の説明）」等を口実として、経営者との連絡が取りにくくなった、ということもあげられる。

解答：P.129

第13問

経営計画策定時の留意点に関する次の記述のうち、最も不適切なものを一つ選びなさい。

① 中小企業は、経営改善計画を紙面に落とし込めていない場合が多く、金融機関は、ヒアリングによって彼らの頭の中にある経営計画を引き出してあげる努力が必要である。
② 取引先企業の経営者が経営改善計画策定支援とリスケの依頼のため金融機関に来店した。真っ先に取り組むべきは、財務実態の把握と窮境状況に至った原因の究明であるが、同時に取り組むべき課題は資金繰りの把握である。
③ リスケ対応中の企業に対して、ニューマネーをつぎ込むことは通常簡単ではない。そこで、恒常的に発生するメンテナンス投資や更新投資について過去の実績を踏まえ今後の見込みを予測し、費用の中に織り込んだ。
④ 固定費の削減効果は大きいが、再生の鍵は、売上の回復あるいは回復した限界利益の確保であり、経営力の回復にある。
⑤ 中小企業再生支援協議会は、実質債権放棄を伴うような金融支援が含まれるなどの金融調整の難度が高い場合にはその役割が大きいが、金融機関側と債務者が対立関係にある場合には、活用が期待できない。

解答：P.130

第14問

下記は認定支援機関に関係する記述である。最も不適切なものを一つ選びなさい。

① 中小企業再生は大企業のように、大がかりなチーム編成は必要ではないが、税理士だけでできるものは限られる。
② 地域金融機関の営業店は認定支援機関に多く登録されているが、専門家（税理士、中小企業診断士）と同様に専門的知識の発揮を営業店職員に求められているわけではない。

③　すべての認定支援機関は、「認定支援機関による経営改善計画策定支援事業」のいわゆる補助金の利用が可能である。

④　金融機関本部では、特定の業種に強い（業種ごとによって違う特性を理解する）中小企業診断士等を把握し、必要に応じて探し出す手立てを準備しておくべきである。

⑤　再生はスピード感が第一である。一方、中小企業は体力に劣り、財務体質が脆弱な先が多い。よって過剰債務を一気に解決する手法が必要であるが、法的整理・私的整理を問わず、過剰債務を一気に解決する実質的な債権放棄を伴うような手法については、金融機関には抵抗がある。

解答：P.130

第15問

経営改善計画の進捗に関する次の記述のうち、最も不適切なものを一つ選びなさい。

①　実現性の高い抜本的な改善計画であると認められてスタートした経営改善計画であっても、計画通り進捗するケースは少ない。計画実行段階では、定期的にモニタリングを実施し、計画乖離があれば、その原因究明と対策の立案が重要である。

②　暫定リスケは、「収益力の弱い状況にあっても、事業意欲の強い企業に対し３年程度の事業改善収支計画を中心とする暫定計画を策定することによって、経営者に意識改革と事業継続の機会をあたえること」を目的としている。

③　窮境企業の場合、余剰人員を抱えている場合が多いが、解雇を伴う人員整理は、あらゆる対策を講じた後の最後の手段として位置付けるべきである。

④　内部要因で計画通り進捗しないケースは、（ⅰ）経営者に改善意欲が見えない、（ⅱ）従業員のモチベーションが低い、（ⅲ）経営管理が不十分、等が主な要因である。

⑤　計画との乖離が目立つことから計画再策定の必要がある。しかし、経営改善に必要な資源は、すでに最初の計画で使い切った状況にある。経営者は事業継続に意欲を示し、「頑張る」と言っており、当行としては、経営者の熱

意にかけて再計画に取り組むこととした。

解答：P.131

第16問

企業の変化に関する次の記述のうち、最も不適切なものを一つ選びなさい。

①　売上げは利益とキャッシュフローの源泉ではあるが、売上げの減少が、経営改善計画達成に対してネガティブな動きとは言えない場合もある。
②　売上げは順調に増加しているが、売上総利益率が大幅に減少している。これは経営改善計画達成にはネガティブな状況が生まれていることを予測する必要がある。
③　売上げは計画通りに推移しているが、回収条件の良い取引の売上高が減少している。これは経営改善計画達成にはネガティブな動きを示している可能性がある。
④　モニタリング会議に、最近経営者に変わって専務が出席するケースが増えており、経営者との面談も難しくなっている。経営者が自ら営業の第一線に立って活動している結果であるとの専務の説明であり、望ましい状況になったといえる。
⑤　最近、会社訪問をすると、職場の雰囲気に以前ほどの緊張感を感じない。ネガティブな事態が起こっている可能性がある。

解答：P.131

第17問

融資申込みに関する次の記述のうち、最も適切なものを一つ選びなさい。

①　リスケ先からの設備投資についての申込みであるが、既存融資が正常化してから取り組むべきである。
②　従来の生産設備が老朽化したことから更新したいとの申込みがある。設備更新に伴う収益効果を織り込んで、返済能力を検討しなければならない。

③　生産設備更新投資を検討する場合は、リース利用を検討する必要はない。

④　生産設備更新投資の場合の投資効果とは、（ｉ）投資に伴う人員減による人員削減効果、（ⅱ）工程短縮による製造諸コストの削減効果、（ⅲ）新材料使用による材料費削減効果等である。

⑤　合理化投資資金検討の場合、削減経費でもって償還財源を賄えるか否かということがポイントとなる。

解答：P.132

第18問

合理化投資、設備更新投資に関する次の記述のうち、最も適切なものを一つ選びなさい。

①　合理化投資の代表的なものは、省エネ投資であるが、返済については経費削減効果の他、売上と利益の増加を考慮して検討を行うべきである。

②　合理化投資の目的は問題解決のための投資であるべきだが、人員削減を目的として行う投資は合理化投資には含まない。

③　支払時期が複数回にわたるが、設備更新投資・合理化投資にかかわらず、初回に一括して融資しても特段問題となることはない。

④　設備更新投資は、本来は能力増強を狙うものではないことから、販売力拡充のための設備投資とは区別して考えるべきである。

⑤　更新投資で新型の設備投資を行った場合、従前の設備より能力が高い設備となり、売上増加効果が伴うことが多い。売上増に伴う増加運転資金は、更新投資費用に含めて計算しなければならない。

解答：P.132

第19問

経営改善計画の進捗が外部要因により芳しくないケースの対応に関する次の記述のうち、最も適当と思われるものを一つ選びなさい。

① 監督指針で言われる経営改善の資源とは、「遊休不動産がある」、「削減可能な経費がある」「新製品開発計画がある」「販路拡大の見込みがある」、の4つをいう。

② 外部要因とは、「自社では、どうしようもない環境の変化」を言うが、外部要因の変化によって大きく経営計画と実績に乖離が生まれたからといって、必ずしも計画が破綻したとは言えない。

③ 中小企業再生支援協議会が取り組んだ暫定リスケのための計画は、実抜計画とみなしてよい。

④ T社は水産加工を営む中小企業であり、前年決算までは、着実な営業実績であり繰越欠損金もなく、資産も超過状況にあった。しかし直近期では、村おこしの一環として、地域業者で共同出資した観光用販売施設が台風上陸によって壊滅的な打撃を受けた。T社は同施設への出資金20百万円（借入金10百万円、自己資金10百万円で調達）を減損処理したことから、当年度は大きく赤字を計上し債務超過に陥った。当行（金庫・信組）は、（i）T社自体の台風による損傷はないこと、（ii）観光施設での売上げは全売上の3%に過ぎないこと、（iii）本業は過去から順調に推移していること、（iv）過去の実績から現状の債務超過は2年程度で解消可能と思われることから、数値的には赤字債務超過ながら破綻懸念先とはせずに、要注意先と判定した。

⑤ P社（2009年3月決算による格付けは正常先）は、リーマンショック（2009年9月）後の2010年3月決算では大きく影響を受け、業況が悪化したうえ大幅な赤字を計上し債務超過に陥った。試算表段階では売上と利益は前年同月を依然として大きく下回った状況にある。当行（金庫・信組）はリーマンショックという外部要因による一時的な赤字と判断し、前年の債務者区分を踏まえ正常先と判定した。

解答：P.133

第20問

経費面の削減に対する取組みに関する次の記述のうち、最も不適切なものを一つ選びなさい。

① 窮境状況にある企業では、人件費の削減が大きなテーマとなる。このため、中長期的な視点の必要となる人材育成・後継者育成などの計画は必要がないと言える。
② 窮境状況にある企業の場合、外注加工費は社内の労務費を社外に支払っているようなものなので、可能なら内製化を検討すべきである。
③ 在庫の増加は、直接的な費用発生とは見えにくい。
④ 福利厚生費には削減困難なものと積極的に削減に取り組むべきものとがある。
⑤ 間接部門経費は直接付加価値を生まないことから、積極的に削減を図る必要があるが、逆効果に繋がるケースもある。

解答：P.133

3 事例に学ぶ中小企業の事業性評価

第21問

下記事例において、金融機関のアドバイスとして最も適切なものを一つ選びなさい。

当社は地域で古くから親しまれた銘菓を製造・販売している。他社より２年早く、機械化（耐用年数５年）したことから、当銘菓のトップ企業である。機械導入から５年を経過しようとしており、故障も大幅に増えてきたことから、機械の更新を検討している。

そこで当行は、設備更新のお手伝いをすることにした。ただし、２年後、効率が 1.5 倍の機械が市場に投入されることは確実である。

なお、当地は２年後に新幹線の延伸開業が予定されている。

① 実需であり更新を必要とする設備を、借入れで対応することを勧める。
② 故障しがちな現機械を修理しながら２年後の新機械投入を待って、借入れで対応することを勧める。
③ 当面は、更新を必要とする設備をリースで対応することを勧める。
④ 現時点で、(2年後の需要増に備えるため）現生産能力の機械を２台備えるため、借入れで対応することを勧める。
⑤ 現時点で、(2年後の需要増に備えるため）現生産能力の機械を２台備えるため、２台ともリースで対応することを勧める。

解答：P.134

第22問

事業性評価を進める上での動きあるいは考え方に関する次の記述のうち、最も適切なものを一つ選びなさい。

① 窮境企業の事業性評価は資金繰りの把握から始まるといってよい。いま、中小企業のA社より緊急に、月末の手形決済資金が不足することから、支援要請があった。これまで頂いていた資料や情報からは、不覚にもこれほど資金繰りが逼迫しているとは考えていなかった。そこで当行は、至急に資金繰り表の提出を社長にお願いした。
② 事業性評価の取組みは、1）企業と向き合う、2）観察する、3）会話する、というリレーションシップの中で得られた情報を評価することに本質がある。
③ 金融機関の現状を俯瞰すると、日常業務は多様化し、労務管理の強化もあり、営業店職員は多忙を極めているというのが実態である。よって事業性評価を進めるには、定型化したシートを作成し、効率的に進めるべきである。
④ 営業店でなすべき事業性評価とは、「不思議な中小企業」を不思議で終わらせることなく、数字や表面には表れない当社の特徴を見極めることである。よって営業店では、時間のかかるＳＷＯＴ分析や、ビジネス俯瞰図についての知識は必要ではない。

⑤　事業性評価とは、数字に表れない知的資産を評価して融資を推進することであり、当該会社の財務実態は問題ではない。

解答：P.134

第23問

企業の実態把握に関する次の記述のうち、最も適切なものを一つ選びなさい。

①　ＳＷＯＴ分析は、企業側から納得いくまで情報を引き出せないと、作成できない。

②　企業の事業性評価を進めるうえで、SWOT分析は欠かせない。

③　ＳＷＯＴ分析では、業種を把握し、その業種が置かれている環境について調べてみる必要があるが、「業種別融資取引推進ガイド」や「業種別審査事典」は、リアルタイムで情報が更新されており、これを読込み整理することが重要である。

④　財務面の検証を行う場合、特に中小企業の場合、Ｂ／Ｓも重要であるが、それ以上にＰ／Ｌの検討が重要である。

⑤　企業の実態把握に取り組む場合、Ｐ／Ｌから疑問点をあぶりだした上でヒアリングすることになるが、先入観を持たないように、仮説を持たず、フラットな視点でヒアリングすることが重要である。

解答：P.135

4　ビジネス俯瞰図、ＳＷＯＴ分析等を用いた事業性評価

第24問

ビジネス俯瞰図、ＳＷＯＴ分析に関する次の記述のうち、最も不適切なものを一つ選びなさい。

①　業界調査は、当社の属している業界だけでは不十分であるが加えて、販売先の業界についての理解があれば十分といえる。

②　事前に手元の情報で業界のイメージを持つことは、効率的に事業性の理解（評価）を進めるうえで有用である。

③　商流やサプライチェーンなど様々な分析の手法や呼び名はあるが、単純に、この企業が何を何処から仕入れて、何処に何を販売しているかということもビジネスモデルに他ならない。

④　ビジネス俯瞰図は「物の流れからビジネスを俯瞰する」のが目的であり、これをビジュアル化しておくことで、課題の存在する点の発見や、解決の糸口に到達しやすいというメリットがある。

⑤　ＳＷＯＴ分析をＳＷＯＴ分析表にまとめることは、該当企業の状況を一目で理解できるというメリットがある。

解答：P.136

第３章の解答・解説

【第１問】

正　解：③　　　　**正答率：83.9%**

①　適切である。

②　適切である。

③　不適切である。決算書付属明細、法人事業概況説明書等を読み解くことによって、相当深く把握できる。

④　適切である。

⑤　適切である。

【第２問】

正　解：③　　　　**正答率：38.7%**

①　不適切である。ＭＢＯ（マネジメント・バイ・アウト）は、会社経営者や部門の責任者が自社を買収する。

②　不適切である。ＴＯＢ（Take-Over Bid）は、時として敵対的な買収となるが、必ず敵対的な買収になるとは言えない。

③　適切である。会社分割は、事業の全部または一部を新会社として独立、または他社への吸収の手段とする。また、会社分割は債権者の利害に重大な影響を及ぼすおそれがあるため、原則として債権者保護手続が必要となる。

④　不適切である。事業譲渡は事業の全部または一部を他企業に譲渡するものであり、合併とは異なる。

⑤　不適切である。Ｍ＆Ａの手法の一つである。

【第３問】

正　解：④　　　　**正答率：73.3%**

①　不適切である。経営改善や事業再生が必要な企業は、社内に人員が余っているケースが多い。その状況で、アウトソーシングということは、人員整理は簡単でないことを考えると、人件費を２重に支払うということであり、かえって非効率となる。

② 不適切である。例えば、周辺商品の品揃えが、競合他社との差別化になっている場合、回転が悪いという理由で切り捨てると、かえって顧客を失う場合がある。そのあたりのリスクについて経営者と語りあう必要がある。当然とは言えない。

③ 不適切である。現在の経営陣でない株主が買収側に回るため、時として敵対的買収行為となることがあり、不適切。

④ 適切である。

⑤ 不適切である。事業譲渡の場合、従業員の雇用は当然に移転する。譲渡に伴い雇用調整が可能というのは間違い。

【第４問】

正　解：④　　**正答率：46.1%**

① 不適切である。中小・零細企業には一般的に馴染みにくい手法である。

② 不適切である。ＲＯＩＣとは、企業が事業活動のために投じた投下資本利益率に対し、本業でどれだけ儲けたかを示す指標のことをいい、企業価値の向上につながる指標の連鎖を図式したものをＲＯＩＣツリーという。

③ 不適切である。ＲＯＩＣとは、企業が事業活動のために投じた投下資本利益率に対し、本業でどれだけ儲けたかを示す指標のことをいい、企業価値の向上につながる指標の連鎖を図式したものをＲＯＩＣツリーという。

④ 適切である。ＲＯＩＣとは、企業が事業活動のために投じた資本に対し、本業でどれだけ儲けたかを示す指標のことを言い、企業価値の向上につながる指標の連鎖を図式したものをＲＯＩＣツリーという。中小・零細企業には一般的に馴染みにくい手法である。

⑤ 不適切である。ＲＯＩＣとは、企業が事業活動のために投じた投下資本利益率に対し、本業でどれだけ儲けたかを示す指標のことをいい、企業価値の向上につながる指標の連鎖を図式したものをＲＯＩＣツリーという。中小・零細企業には一般的に馴染みにくい手法である。

【第5問】

正　解：④　　　　　　　　　　　　　　　　**正答率：44.0%**

① 規模に関わらず取組み可能な手法である。返済財源の本質に戻り、歪となった長短借入金のバランスを取り戻す。長期分割弁済に偏った調達バランスの場合、正味運転資金部分と実質長期債務部分を切り出し、行きすぎた長期分割弁済を是正することで、弁済に余裕が生まれ新たな投資が可能となるなど、規模を問わず用いられる。

② 中小零細企業に取組み易い手法である。財務体質は脆弱ながら取扱い商品の市場性が高く、大きく成長しようとする企業には適した融資手法である。

③ 規模に関わらず取組み可能な手法である。事業資産を売却した後に、リース資産として賃借する手法をいう。売却した資産も引き続き利用でき、売却代金を新たな資産の取得に回すことも可能。

④ 中小零細企業には最も向かない手法である。証券化した資産を購入する投資家が必要であり、中小零細企業には取り組みにくい。

⑤ 中小零細企業に取組み易い手法である。50人未満を条件に経営者の知人や縁故者を対象に発行される社債をいう。届出を必要としない簡易な仕組で発行できることから、中小零細企業にももっと利用されてしかるべき手法だといえる。

【第6問】

正　解：②　　　　　　　　　　　　　　　　**正答率：67.7%**

① 不適切である。金銭以外の財産や譲受会社の株式を対価とすることも可能であるが、譲受会社の株式を対価とする場合、譲受会社側に現物出資規制（検査役の検査等）が課される（会社法207条）。事業譲渡の対価については、法律上特段限定されていないが、金銭が支払われるのが一般的である。

② 適切である。

③ 不適切である。税制適格の場合、資産は帳簿価額で移転し、従って譲渡損益の発生はない。

④ 不適切である。上場企業のTOBは外部者が買収を行うため、敵対的買収になることが多いが、中小企業の場合、後継者不在の企業が有能な従業員に事業承継させる手段に用いられることもあり、必ずしも敵対的となることは

ない。

⑤　不適切である。効果が絶大な反面、非連続的な大改革はかえって大混乱を招き非効率となるおそれがある。取引先との協働が必要な場合もあり、慎重に検討すべき手法である。

【第７問】

正　解：①　　**正答率：44.7%**

（**Ａ：会社分割**）は、事業の一部を新会社として独立、または他社へ吸収させることをいう。一方、（**Ｂ：事業譲渡**）は、事業の選択と集中を行う中で、分離する事業資産を活かしながら企業の体質強化を図る。事業譲渡では、従業員の雇用契約は（**Ｃ：当然には移転しない**）。

（**Ｄ:ＭＢＯ**）はオーナーでない経営者が､事業の継続を前提として､オーナーや親会社から株式を買い取り、経営権を取得する。コアでないが成長する可能性のある事業分野について、分離独立させれば、会社のスリム化につながり、（**Ｅ：従業員**）のインセンティブにもつながる。

【第8問】

正　解：③　　(模擬問題)

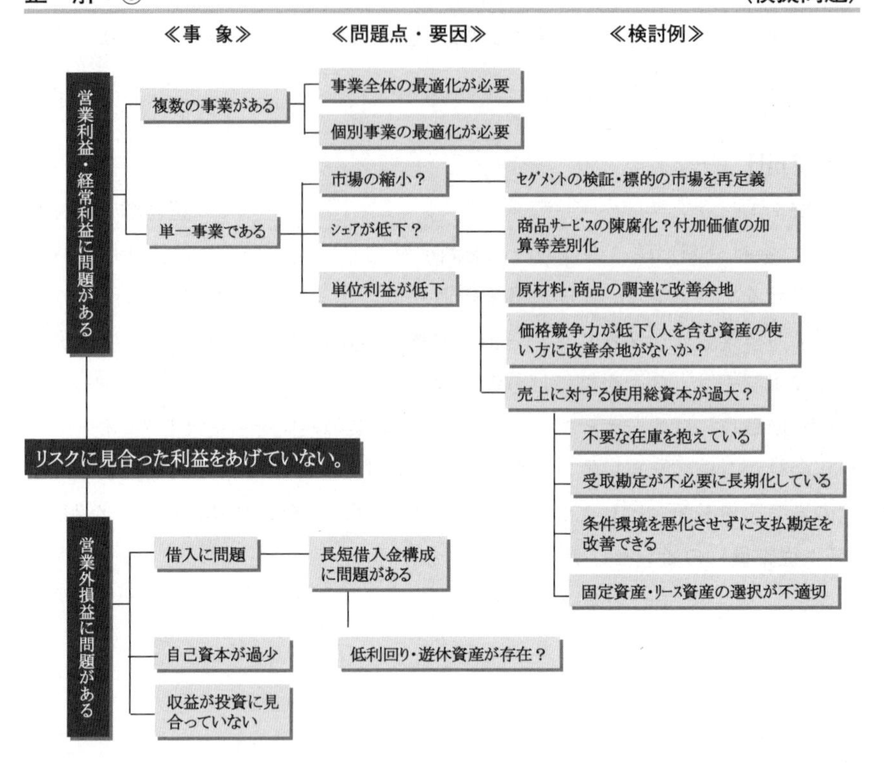

【第9問】

正　解：④　　(模擬問題)

① 不適切である。固定資産であっても動産はＡＢＬの対象となるうる。

② 不適切である。資産・債権の証券化は、運転資本流動化の代表的な手法である。数あるリスクのうち、売掛債権のリスクを分離する。

③ 不適切である。在庫の販売により売掛金が発生する場合は、通常売掛金と在庫を一体として担保取得される。

④ 適切である。

⑤ 不適切である。弁済期間が必要以上に長期になれば、返済負担を先送りすることにつながる場合があり、将来的に当社の資金繰りに悪影響を及ぼす可能性があって、必ずしも適切とはいえない。

【第10問】

正　解：③　　正答率：71.7%

① 不適切である。経営者の意思が投入されたもので、金融機関と双方が納得したものである必要がある。一任（丸投げ）は適切ではない。

② 不適切である。ローカルベンチマークは企業の経営状態の把握、いわゆる「健康診断」を行うツール（道具）として、企業の経営者等や金融機関・支援機関等が、企業の状態を把握し、双方が同じ目線で対話を行うための基本的な枠組みであり、事業性評価の「入口」として活用されることが期待されるもの。これでもって事業性評価ができるというものではない。

③ 適切である。資金繰りの破綻が最初のデッドラインである。最初のデッドラインをつかみ、そこまでにグランドデザインを描き、支援の方向性について合意を取り付ける必要がある。

④ 不適切である。優先債権の支払いは何よりも優先させるべきである。

⑤ 不適切である。日々のメンテナンスや軽度の更新は、通常獲得するキャッシュフローの中でおこなわれる。したがって、織り込んで考える必要がある。

【第11問】

正　解：②　　正答率：84.4%

① 不適切である。オーナー企業であっても真っ先に手を付けるべきである。

② 適切である。適正な水準を確保しないと経営上必要な人材が流出する。

③ 不適切である。比較的容易であり優先的に手掛けるべきである。

④ 不適切である。労働基本権は憲法で認められており、最後の手段である。

⑤ 不適切である。聖域なき見直しが必要である。

【第12問】

正　解：⑤　　正答率：41.1%

① 不適切である。将来成長が見込まれる分野である。これを失うことで、持続的な回復が困難となる恐れがあり、慎重に経営改善計画を検討する必要がある。

② 不適切である。４つのうち、一つでも活用可能な資源が残っている場合、再計画策定の可能性はある。４つに渡って残っている必要があるとまでは言

えない。残っているものが仮に一つでも、それを拠り所に再計画可能な場合もある。

③　不適切である。大企業と違って中小企業の場合、事業基盤も人材も脆弱である。よって中小企業の再建には、「キャッシュフローを改善できるか？」が重要なカギとなる。

④　不適切である。債務者区分に縛られて貸せる先に貸さない地域金融機関の姿勢を指摘したものであり、支援打ち切りを非難したものではない。

⑤　適切である。経営者と連絡が取りにくくなると危険水域。

【第13問】

正　解：⑤　　**正答率：71.6%**

①　適切である。

②　適切である。同時に取り組むべき課題として資金繰りの把握である。資金繰りがついているうちにグランドデザインを描いて、金融機関に改善の方向性について合意を採る必要がある。また、当面の資金調達が経営者にとって喫緊の課題であり資金繰りの把握は、経営者へのヒアリングを通じて、金融機関で検討すべきである。

③　適切である。

④　適切である。

⑤　不適切である。（ⅰ）金融調整の難易度が高い、（ⅱ）金融機関側と債務者側に対立関係がある（例えば､窮境状態を招いた責任が経営者にありながら、応分の責任を認めないといった場合）、といったケースは、公正中立な立場にある中小企業再生支援協議会の活用が有用である。

【第14問】

正　解：③　　**正答率：62.7%**

①　適切である。税理士では、業務面の無理無駄ムラの指摘は可能だが、業務フローの中の改善点の指摘は当該事業の経験者や当該事業に詳しい中小企業診断士でないと難しい。一方で、中小企業診断士は、一般的に財務面の実態過剰債務の把握は専門ではない。

②　適切である。認定支援機関である金融機関の営業店は、軽度な事案であれ

ば自金融機関内の専門セクションで問題解決できるであろうが、金融機関職員は決して専門家ではない。しかし過去からの取引経緯や内部環境に精通しているはずであり、税金問題は別としても、財務については決して素人ではない。再生に向けて、最も適切に助言できる立場にあるのが営業店であり、認定支援機関の専門家の力を最大に引き出す総監督的な立場が求められる。

③　不適切である。金融機関や商工会議所などは、補助金の利用ができない。

④　適切である。ミラサポ等で専門家派遣の制度は充実しているが、専門家のミスマッチは費用と時間の無駄遣いに繋がる。金融機関で適切な専門家を選択できるだけの情報の収集は必要である。

⑤　適切である。過剰債務を一気の解決する手法とは、法的整理・私的整理を問わず、実質的な債権放棄を伴う重たいものである、金融機関では安易には受け入れるのは難しい。

第3章

【第15問】

正　解：⑤　　**正答率：78.4%**

①　適切である。

②　適切である。

③　適切である。

④　適切である。

⑤　不適切である。再建のための資源が残っていないのなら、再建は事実上困難である。しかしながら、当初計画策定時に経営者が情報をすべて開示しているとは限らない。よって、再度、資源の有無を確認する作業が必要で、ただ経営者の熱意に賭けるのは間違いである。

【第16問】

正　解：④　　**正答率：96.5%**

①　適切である。不採算店舗の撤退・不採算商品の取り扱い停止等、計画された減少は経営計画に沿った動きであり、問題はない。

②　適切である。見栄えを追い、不採算取引を引き入れている可能性がある。

③　適切である。自社の信用状況が悪化した場合足元を見られる。

④　不適切である。経営者自らがモニタリング報告する必要があり、経営者が

顔を出さない、連絡をとりづらいという状況は、ネガティブな状況が生まれている可能性が高い。

⑤　適切である。

【第17問】

正　解：⑤　　**正答率：28.7%**

①　不適切である。金融機関は、「貸付条件の変更を行った債務者に対しても（中略）、新規の信用供与により新たな収益機会の獲得や中長期的な経費削減が見込まれ、それが債務者の業況や財務等の改善につながることで債務償還能力の向上に資すると判断される場合には、積極的かつ適時適切に新規の信用供与を行うよう努める。」ことが求められている。（中小・地域金融機関向けの総合的な監督指針Ⅱ－５－２－１）

②　不適切である。設備等更新投資の場合、収益効果は投資後の数値の把握が困難であるため通常は見込まない。技術革新の中で普通いくらかの能力増強を伴うのが通例ではあるが、能力増強が、売上増強および収益力増強につながるかどうかは別の問題である。

③　不適切である。リースが有利なケースもある。

④　不適切である。生産設備更新投資→合理化投資資金

⑤　適切である。

【第18問】

正　解：④　　**正答率：68.9%**

①　不適切である。本業での売上と利益増加は合理化（省エネ投資等）からは見込めないことから売上と利益の増加を除外して考える。

②　不適切である。人員削減を目的とする投資も合理化投資の一つである。

③　不適切である。優越的地位の乱用になる場合がある。

④　適切である。設備更新投資は、機械設備が耐用年数にきて稼働状況が悪化した場合に行う投資であり、本来は能力増強を狙うものではないことから、販売力等能力増強のために行う投資とは区別して考えるべきである。

⑤　不適切である。売上増加に伴う増加運転資金需要については更新投資と切り離して検討を行う。

【第19問】

正　解：②　　**正答率：58.7%**

① 不適切である。「遊休不動産」⇒売却可能な資産。換金可能な資産であり、遊休不動産とは限らない。売却することによって有利子負債が圧縮できることが必要であり、「不要投融資、不採算事業」等々本業以外の換金可能な資産は経営改善の資源と成り得る。

② 適切である。外部要因によって発生した事態が、今後恒常的となる場合は改善が容易ではなくなる可能性があるが、経営再建の為の資源を使い切っていない場合、残った資源を活用すれば、債権可能となるケースもある。一方、一時的な現象であり、原因が除去されることが確実な状況では、計画達成が数年遅れるだけで根本的な問題とはならない。

③ 不適切である。暫定リスケは「収益力の弱い状況にあっても、事業意欲の強い企業に対し３年程度の事業改善収支計画を中心に暫定的に計画するもので、実抜計画策定までの時間かせぎであることから、実抜計画とはなりえない。

④ 不適切である。Ｔ社は赤字を計上し債務超過に陥ってはいるが、原因は一時的かつ外部的な出資金の減損処理によるもので、Ｔ社の業況は従前と変わらず順調である。よって回復は十分に見込めることから、正常先との判定が正しい（知ってナットク！事例集　POINT ２３参照）。

⑤ 不適切である。リーマンショクは確かに最悪のシナリオを描いたが、経済活動に与える経済イベントと捉えると決して一時的な現象とは言えない。見逃してはならない内部要因が、リーマンショクという大きな事件の下に隠されていた…ということもあり得る。正常先と判定するには、試算表等によって足元が巡航速度の時と同じかそれを上回る状況に回復していることを確認してからにするべきである。リーマンショクによる赤字計上を外部要因による一時的な赤字と解釈するのは適切ではない。

【第20問】

正　解：①　　**（模擬問題）**

① 不適切である。中長期的視点が必要な人材育成、後継者育成は企業存続のコア項目である。

② 適切である。人員が余っている場合、簡単には人員整理が出来ないことから、外注している部門については、可能なら内製化を検討すべきである。

③ 適切である。在庫の増加は原価を下げるため、未出現利益がP／L上に計上されるため、直接的な費用の発生とは見えにくい。

④ 適切である。法定福利費は基本的に優先債権であり、削減困難である。一方、法定外福利費については優先的に削減に取り組むべき事項である。

⑤ 適切である。過度な節約は手段の目的化を招き、かえって非効率になる場合がある。

【第21問】

正　解：③　　　　**正答率：78.9%**

① 2年後の需要増に対応するためには、競合他社と同じタイミングで新能力の機械を導入せざるを得ず、その場合、今回購入した機械は簿価を残したまま償却せざるを得ず、中期的に見た場合、当社の財務に与える打撃は大きい。よって状況によっては、適切とは言い切れない。

② 故障が度々発生し、修理に時間がかかった場合、競争に負けることにつながり不適切。

③ 借り入れよりリースのほうがキャッシュアウトが仮に大きくとも（仮に年間リース代が、融資による年間元利返済額を上回っても）、2年後の財務に与える打撃と比較した場合、はるかに有利。（今回機械を購入すると）簿価を残して除却せざるを得ない。2年後新たに機械を購入し2台体制にすることも考えられるが、需要がそこまで伸びなかった場合過剰投資となるリスクがある。除却した場合、除却した設備の借入れはまだ3年残っており、返済負担が増す。よって、適切なアドバイスとなる。

④ 新幹線開業で需要増が現実となるまで、設備過剰となり不適切である。

⑤ 新幹線開業で需要増が現実となるまで、設備過剰となり不適切である。

【第22問】

正　解：②　　　　**正答率：61.3%**

① 不適切である。今社長がするべきことは、売掛金の回収等資金をかき集めることである。そもそも中小企業の経営者は、資金繰りは頭に入っているが、

資金繰り表を作ったことがないと言うケースが多い。経営者から必要な情報を聞き出し資金繰りを把握するのは金融機関職員として最も重要な役割の一つである。作ったこともない資金繰り表の提出を求め、経営者の貴重な時間を奪うことは避けたい。

② 適切である。

③ 不適切である。事業性評価は、定型フォームに取引先情報を記入し保存すれば良いという性格の取り組みではない。

④ 不適切である。フレームで考えることは頭を整理するうえで有効であり、罠を指摘する力を持つことで経営者からの信頼も増す。MBAで勉強するほどは必要はないが最低限の基本は身に着けるべきである。

⑤ 不適切である。財務実態収益力実態の把握が基本である。好況不芳にかかわらず、正しく財務実態や収益力実態を把握し、現状に至った理由を突き詰めることのできない者に事業性評価はできない。

【第23問】

正　解：④　　　正答率：50.7%

① 不適切である。可能な限り、必要な情報を集める努力は必要ながら、実務面では仮説に頼らなければならない場面は頻繁にあることから不適切である。

② 不適切である。中小零細企業にはSWOT分析、ビジネス俯瞰図とは違った視点がある。

③ 不適切である。入り口として利用することは有効であるが、リアルタイムではない。情報としては陳腐化しているケースもあり、注意を要する。

④ 適切である。本業を通じて利益が確保されているか否かの確認が重要であるため、Ｐ／Ｌから検討するのは正しい。

⑤ 不適切である。現場の見学や、決算書の数値などの数値資料を通じて仮説も持っておくことが必要である。仮説と検証を繰り返すことによって事業性の理解は深まる。よって不適切と言える。

【第24問】

正　解：①　　**正答率：64.9%**

①　不適切である。川上、川下の業界の把握も必要。

②　適切である。事業性評価に入る前の業界を粗々に認識するのに有効であるが、あくまでも対話前の業界分析である

③　適切である。

④　適切である。

⑤　適切である。

資　料

経営者保証ガイドライン
（平成25年12月、経営者保証に関するガイドライン研究会）
事業承継時に焦点を当てた「経営者保証に関するガイドライン」の特則
（令和元年12月、経営者保証に関するガイドライン研究会）
「中小・地域金融機関向けの総合的な監督指針」等の一部改正（案）
（令和4年12月、金融庁）
中小企業の事業再生等に関するガイドライン
（令和4年3月、中小企業の事業再生等に関する研究会）

経営者保証に関するガイドライン

（平成２５年１２月、経営者保証に関するガイドライン研究会）

はじめに

中小企業・小規模事業者等（以下「中小企業」という。）の経営者による個人保証（以下「経営者保証」という。）[1]には、経営への規律付けや信用補完として資金調達の円滑化に寄与する面がある一方、経営者による思い切った事業展開や、保証後において経営が窮境に陥った場合における早期の事業再生を阻害する要因となっているなど、企業の活力を阻害する面もあり、経営者保証の契約時及び履行時等において様々な課題が存在する。

このため、平成２５年１月、中小企業庁と金融庁が共同で有識者との意見交換の場として「中小企業における個人保証等の在り方研究会」を設置した。本研究会において、中小企業における経営者保証等の課題全般を、契約時の課題と履行時等における課題の両局面において整理するとともに、中小企業金融の実務の円滑化に資する具体的な政策的出口について継続的な議論が行われ、同年５月、課題の解決策の方向性とともに当該方向性を具体化したガイドラインの策定が適当である旨の「中小企業における個人保証等の在り方研究会報告書」が公表された。

また、日本再興戦略（同年６月１４日閣議決定）においても、新事業を創出し、開・廃業率１０％台を目指すための施策として、当該ガイドラインが位置付けられている。

同年８月、本報告書にて示された方向性を具体化することを目的として、行政当局の関与の下、日本商工会議所と全国銀行協会が共同で、有識者を交えた意見交換の場として「経営者保証に関するガイドライン研究会」を設置した。この「経営者保証に関するガイドライン」は、本研究会における中小企業団体及び金融 機関団体の関係者、学識経験者、専門家等の議論を踏まえ、中小企業の経営者保証に関 する契約時及び履行時等における中小企業、経営者及び金融機関による対応についての、中小企業団体及び金融機関団体共通の自主的自律的な準則として、策定・公表するものである。

1　このガイドラインは中小企業・小規模事業者の経営者保証を主たる対象としているが、必ずしも対象を当該保証に限定しているものではない。

1．目的

このガイドラインは、中小企業金融における経営者保証について、主たる債務者、保証人[2]（保証契約の締結によって保証人となる可能性のある者を含む。以下同じ。）及び対象債権者（中小企業に対する金融債権を有する金融機関等であって、現に経営者に対して保証債権[3]を有するもの、あるいは、将来これを有する可能性のあるものをいう。また、主たる債務の整理局面において保証債務の整理（保証債務の全部又は一部の免除等 をいう。以下同じ。）を行う場合においては、成立した弁済計画により権利を変更されることが予定されている保証債権の債権者をいう。以下同じ。）において合理性が認められる保証契約の在り方等を示すとともに、主たる債務の整理局面における保証債務の整理を公正かつ迅速に行うための準則を定めることにより、経営者保証の課題に対する適切な対応を通じてその弊害を解消し、もって主たる債務者、保証人及び対象債権者の継続的かつ良好な信頼関係の構築・強化とともに、中小企業の各ライフステージ（創業、成長・発展、早期の事業再生や事業清算への着手、円滑な事業承継、新たな事業の開始等をいう。以下同じ。）における中小企業の取組意欲の増進を図り、ひいては中小企業金融の実務の円滑化を通じて中小企業の活力が一層引き出され、日本経済の活性化に資することを目的とする。

2．経営者保証の準則

（1）このガイドラインは、経営者保証における合理的な保証契約の在り方等を示すとともに主たる債務の整理局面における保証債務の整理を公正かつ迅速に行うための準則であり、中小企業団体及び金融機関団体の関係者が中立公平な学識経験者、専門家等と共に協議を重ねて策定したものであって、法的拘束力はないものの、主たる債務者、保証人及び対象債権者によって、自発的に尊重され遵守されることが期待されている。

（2）このガイドラインに基づき経営者保証に依存しない融資の一層の促進が図られることが期待されるが、主たる債務者である中小企業の法人個人の一

2　併存的債務引受を行った経営者であって、対象債権者によって、実質的に経営者保証人と同等の効果が期待されているものも含む。

3　中小企業の金融債務について、経営者により、実質的に経営者保証と同等の効果が期待される併存的債務引受がなされた場合における、当該経営者に対する債権も含む。

体性[4]に一定の合理性や必要性が認められる場合等において経営者保証を締結する際には、主たる債務者、保証人及び対象債権者は、このガイドラインに基づく保証契約の締結、保証債務の整理等における対応について誠実に協力する。

（３）主たる債務者、保証人及び対象債権者は、保証債務の整理の過程において、共有した情報について相互に守秘義務を負う。

（４）このガイドラインに基づく保証債務の整理は、公正衡平を旨とし、透明性を尊重する。

３．ガイドラインの適用対象となり得る保証契約

このガイドラインは、以下の全ての要件を充足する保証契約に関して適用されるものとする。

（１）保証契約の主たる債務者が中小企業であること

（２）保証人が個人であり、主たる債務者である中小企業の経営者であること。ただし、以下に定める特別の事情がある場合又はこれに準じる場合[5]については、このガイドラインの適用対象に含める。

① 実質的な経営権を有している者、営業許可名義人又は経営者の配偶者（当該経営者と共に当該事業に従事する配偶者に限る。）が保証人となる場合

② 経営者の健康上の理由のため、事業承継予定者が保証人となる場合

（３）主たる債務者及び保証人の双方が弁済について誠実であり、対象債権者の請求に応じ、それぞれの財産状況等（負債の状況を含む。）について適時適切に開示していること

（４）主たる債務者及び保証人が反社会的勢力ではなく、そのおそれもないこと

---

4 「中小企業における個人保証等の在り方研究会報告書」参照。

5 このガイドラインは中小企業の経営者（及びこれに準ずる者）による保証を主たる対象としているが、財務内容その他の経営の状況を総合的に判断して、通常考えられるリスク許容額を超える融資の依頼がある場合であって、当該事業の協力者や支援者からそのような融資に対して積極的に保証の申し出があった場合等、いわゆる第三者による保証について除外するものではない。

4. 経営者保証に依存しない融資の一層の促進

経営者保証に依存しない融資の一層の促進のため、主たる債務者、保証人及び対象債権者は、それぞれ、次の対応に努めるものとする。

（1）主たる債務者及び保証人における対応

主たる債務者が経営者保証を提供することなしに資金調達することを希望する場合には、まずは、以下のような経営状況であることが求められる。

① 法人と経営者との関係の明確な区分・分離

主たる債務者は、法人の業務、経理、資産所有等に関し、法人と経営者の関係を 明確に区分・分離し、法人と経営者の間の資金のやりとり（役員報酬・賞与、配当、オーナーへの貸付等をいう。以下同じ。）を、社会通念上適切な範囲を超えないも のとする体制を整備するなど、適切な運用を図ることを通じて、法人個人の一体性 の解消に努める。

また、こうした整備・運用の状況について、外部専門家（公認会計士、税理士等をいう。以下同じ。）による検証を実施し、その結果を、対象債権者に適切に開示することが望ましい。

② 財務基盤の強化

経営者保証は主たる債務者の信用力を補完する手段のひとつとして機能している一面があるが、経営者保証を提供しない場合においても事業に必要な資金を円滑に調達するために、主たる債務者は、財務状況及び経営成績の改善を通じた返済能力の向上等により信用力を強化する。

③ 財務状況の正確な把握、適時適切な情報開示等による経営の透明性確保

主たる債務者は、資産負債の状況（経営者のものを含む。）、事業計画や業績見通し及びその進捗状況等に関する対象債権者からの情報開示の要請に対して、正確かつ丁寧に信頼性の高い情報を開示・説明することにより、経営の透明性を確保する。

なお、開示情報の信頼性の向上の観点から、外部専門家による情報の検証を行い、その検証結果と合わせた開示が望ましい。

また、開示・説明した後に、事業計画・業績見通し等に変動が生じた場合には、自発的に報告するなど適時適切な情報開示に努める。

（２）対象債権者における対応

対象債権者は、停止条件又は解除条件付保証契約[6]、ＡＢＬ[7]、金利の一定の上乗せ等の経営者保証の機能を代替する融資手法のメニューの充実を図ることとする。

また、法人個人の一体性の解消等が図られている、あるいは、解消等を図ろうとしている主たる債務者が資金調達を要請した場合において、主たる債務者において以下のような要件が将来に亘って充足すると見込まれるときは、主たる債務者の経営状況、資金使途、回収可能性等を総合的に判断する中で、経営者保証を求めない可能性、上記のような代替的な融資手法を活用する可能性について、主たる債務者の意向も踏まえた上で、検討する。

イ）法人と経営者個人の資産・経理が明確に分離されている。

ロ）法人と経営者の間の資金のやりとりが、社会通念上適切な範囲を超えない。

ハ）法人のみの資産・収益力で借入返済が可能と判断し得る。

ニ）法人から適時適切に財務情報等が提供されている。

ホ）経営者等から十分な物的担保の提供がある。

５．経営者保証の契約時の対象債権者の対応

対象債権者が第４項（２）に即して検討を行った結果、経営者保証を求めることが止むを得ないと判断された場合や、中小企業における法人個人の一体性に一定の合理性や必要性が認められる場合等で、経営者と保証契約を締結する場合、対象債権者は以下の対応に努めるものとする。

（１）主たる債務者や保証人に対する保証契約の必要性等に関する丁寧かつ具体的な説明

対象債権者は、保証契約を締結する際に、以下の点について、主たる債務者と保証人に対して、丁寧かつ具体的に説明することとする。

イ）保証契約の必要性

ロ）原則として、保証履行時の履行請求は、一律に保証金額全額に対して行

6　停止条件付保証契約とは主たる債務者が特約条項（コベナンツ）に抵触しない限り保証債務の効力が発生しない保証契約であり、解除条件付保証契約とは主たる債務者が特約条項（コベナンツ）を充足する場合は保証債務が効力を失う保証契約である。

7　Asset Based Lending 流動資産担保融資

うものではなく、保証履行時の保証人の資産状況等を勘案した上で、履行の範囲が定められること

ハ）経営者保証の必要性が解消された場合には、保証契約の変更・解除等の見直しの可能性があること

（2）適切な保証金額の設定

対象債権者は、保証契約を締結する際には、経営者保証に関する負担が中小企業の各ライフステージにおける取組意欲を阻害しないよう、形式的に保証金額を融資額と同額とはせず、保証人の資産及び収入の状況、融資額、主たる債務者の信用状況、物的担保等の設定状況、主たる債務者及び保証人の適時適切な情報開示姿勢等を総合的に勘案して設定する。

このような観点から、主たる債務者の意向も踏まえた上で、保証債務の整理に当たっては、このガイドラインの趣旨を尊重し、以下のような対応を含む適切な対応を誠実に実施する旨を保証契約に規定する。

イ）保証債務の履行請求額は、期限の利益を喪失した日等の一定の基準日における保証人の資産の範囲内とし、基準日以降に発生する保証人の収入を含まない。

ロ）保証人が保証履行時の資産の状況を表明保証し、その適正性について、対象債権者からの求めに応じ、保証人の債務整理を支援する専門家（弁護士、公認会計士、税理士等の専門家であって、全ての対象債権者がその適格性を認めるものをいう。以下「支援専門家」という。）の確認を受けた場合において、その状況に相違があったときには、融資慣行等に基づく保証債務の額が復活することを条件として、主たる債務者と対象債権者の双方の合意に基づき、保証の履行請求額を履行請求時の保証人の資産の範囲内とする。

また、対象債権者は、同様の観点から、主たる債務者に対する金融債権の保全のために、物的担保等の経営者保証以外の手段が用いられている場合には、経営者保証の範囲を当該手段による保全の確実性が認められない部分に限定するなど、適切な保証金額の設定に努める。

6．既存の保証契約の適切な見直し

（1）保証契約の見直しの申入れ時の対応

①　主たる債務者及び保証人における対応

主たる債務者及び保証人は、既存の保証契約の解除等の申入れを対象債権者に行うに先立ち、第４項（１）に掲げる経営状況を将来に亘って維持するよう努めることとする。

② 対象債権者における対応

主たる債務者において経営の改善が図られたこと等により、主たる債務者及び保証人から既存の保証契約の解除等の申入れがあった場合は、対象債権者は第４項（２）に即して、また、保証契約の変更等の申入れがあった場合は、対象債権者は、申入れの内容に応じて、第４項（２）又は第５項に即して、改めて、経営者保証の必要性や適切な保証金額等について、真摯かつ柔軟に検討を行うとともに、その検討結果について主たる債務者及び保証人に対して丁寧かつ具体的に説明することとする。

（２）事業承継時の対応

① 主たる債務者及び後継者における対応

イ）主たる債務者及び後継者は、対象債権者からの情報開示の要請に対し適時適切に対応する。特に、経営者の交代により経営方針や事業計画等に変更が生じる場合には、その点についてより誠実かつ丁寧に、対象債権者に対して説明を行う。

ロ）主たる債務者が、後継者による個人保証を提供することなしに、対象債権者から新たに資金調達することを希望する場合には、主たる債務者及び後継者は第４項（１）に掲げる経営状況であることが求められる。

② 対象債権者における対応

イ）後継者との保証契約の締結について

対象債権者は、前経営者が負担する保証債務について、後継者に当然に引き継がせるのではなく、必要な情報開示を得た上で、第４項（２）に即して、保証契約の必要性等について改めて検討するとともに、その結果、保証契約を締結する場合には第５項に即して、適切な保証金額の設定に努めるとともに、保証契約の必要性等について主たる債務者及び後継者に対して丁寧かつ具体的に説明することとする。

ロ）前経営者との保証契約の解除について

対象債権者は、前経営者から保証契約の解除を求められた場合には、前経営者が引き続き実質的な経営権・支配権を有しているか否か、当該保証契約以外の手段による既存債権の保全の状況、法人の資産・収益力による借入返済能力等を勘案しつつ、保証契約の解除について適切に判断することとする。

7．保証債務の整理

（1）ガイドラインに基づく保証債務の整理の対象となり得る保証人

以下の全ての要件を充足する場合において、保証人は、当該保証人が負担する保証債務について、このガイドラインに基づく保証債務の整理を対象債権者に対して申し出ることができる。また、当該保証人の申し出を受けた対象債権者は、第２項の準則に即して、誠実に対応することとする。

イ）対象債権者と保証人との間の保証契約が第３項の全ての要件を充足すること

ロ）主たる債務者が破産手続、民事再生手続、会社更生手続若しくは特別清算手続（以下「法的債務整理手続」という。）の開始申立て又は利害関係のない中立かつ公正な第三者が関与する私的整理手続及びこれに準ずる手続（中小企業活性化協議会による再生支援スキーム、事業再生ＡＤＲ、私的整理に関するガイドライン、中小企業の事業再生等に関するガイドライン、特定調停等をいう。以下「準則型私的整理手続」という。）の申立てをこのガイドラインの利用と同時に現に行い、又は、これらの手続が係属し、若しくは既に終結していること

ハ）主たる債務者の資産及び債務並びに保証人の資産及び保証債務の状況を総合的に考慮して、主たる債務及び保証債務の破産手続による配当よりも多くの回収を得られる見込みがあるなど、対象債権者にとっても経済的な合理性が期待できること

ニ）保証人に破産法第２５２条第１項（第１０号を除く。）に規定される免責不許可事由が生じておらず、そのおそれもないこと

（2）保証債務の整理の手続

このガイドラインに基づく保証債務の整理を実施する場合において、主たる債務と保証債務の一体整理を図るときは、以下のイ）の手続によるものとし、主たる債務について法的債務整理手続が申し立てられ、保証債務のみについて、その整理を行う必要性がある場合等、主たる債務と保証債務の一体

整理が困難なため、保証債務のみを整理するときは、以下のロ）の手続によるものとする。

イ）主たる債務と保証債務の一体整理を図る場合

法的債務整理手続に伴う事業毀損を防止するなどの観点や、保証債務の整理についての合理性、客観性及び対象債権者間の衡平性を確保する観点から、主たる債務の整理に当たって、準則型私的整理手続を利用する場合、保証債務の整理についても、原則として、準則型私的整理手続を利用することとし、主たる債務との一体整理を図るよう努めることとする。具体的には、準則型私的整理手続に基づき主たる債務者の弁済計画を策定する際に、保証人による弁済もその内容に含めることとする。

ロ）保証債務のみを整理する場合

原則として、保証債務の整理に当たっては、当該整理にとって適切な準則型私的整理手続を利用することとする。

（3）保証債務の整理を図る場合の対応

主たる債務者、保証人及び対象債権者は、保証債務の整理に当たり以下の定めに従うものとし、対象債権者は合理的な不同意事由がない限り、当該債務整理手続の成立に向けて誠実に対応する。

なお、以下に記載のない内容（債務整理の開始要件、手続等）については、各準則型私的整理手続に即して対応する。

① 一時停止等の要請への対応

以下の全ての要件を充足する場合には、対象債権者は、保証債務に関する一時停止や返済猶予（以下「一時停止等」という。）の要請に対して、誠実かつ柔軟に対応するように努める。

イ）原則として、一時停止等の要請が、主たる債務者、保証人、支援専門家が連名した書面によるものであること（ただし、全ての対象債権者の同意がある場合及び保証債務のみを整理する場合で当該保証人と支援専門家が連名した書面がある場合はこの限りでない。）

ロ）一時停止等の要請が、全ての対象債権者に対して同時に行われていること

ハ）主たる債務者及び保証人が、手続申立て前から債務の弁済等について誠実に対応し、対象債権者との間で良好な取引関係が構築されてきたと対象

債権者により判断され得ること

② 経営者の経営責任の在り方

本項（2）イの場合においては、対象債権者は、中小企業の経営者の経営責任 について、法的債務整理手続の考え方との整合性に留意しつつ、結果的に私的整理 に至った事実のみをもって、一律かつ形式的に経営者の交代を求めないこととする。具体的には、以下のような点を総合的に勘案し、準則型私的整理手続申立て時の経 営者が引き続き経営に携わることに一定の経済合理性が認められる場合には、 これを許容することとする。

イ）主たる債務者の窮境原因及び窮境原因に対する経営者の帰責性

ロ）経営者及び後継予定者の経営資質、信頼性

ハ）経営者の交代が主たる債務者の事業の再生計画等に与える影響

ニ）準則型私的整理手続における対象債権者による金融支援の内容

なお、準則型私的整理手続申立て時の経営者が引き続き経営に携わる場合の経営責任については、上記帰責性等を踏まえた総合的な判断の中で、保証債務の全部又は一部の履行、役員報酬の減額、株主権の全部又は一部の放棄、代表者からの退任等により明確化を図ることとする。

③　保証債務の履行基準（残存資産の範囲）

対象債権者は、保証債務の履行に当たり、保証人の手元に残すことのできる残存資産の範囲について、必要に応じ支援専門家とも連携しつつ、以下のような点を総合的に勘案して決定する。この際、保証人は、全ての対象債権者に対して、保証人の資力に関する情報を誠実に開示し、開示した情報の内容の正確性について表明保証を行うとともに、支援専門家は、対象債権者からの求めに応じて、当該表明保証の適正性についての確認を行い、対象債権者に報告することを前提とする。

なお、対象債権者は、保証債務の履行請求額の経済合理性について、主たる債務と保証債務を一体として判断する。

イ）保証人の保証履行能力や保証債務の従前の履行状況

ロ）主たる債務が不履行に至った経緯等に対する経営者たる保証人の帰責性

ハ）経営者たる保証人の経営資質、信頼性

ニ）経営者たる保証人が主たる債務者の事業再生、事業清算に着手した時期

等が事業の再生計画等に与える影響

ホ）破産手続における自由財産（破産法第３４条第３項及び第４項その他の法令により破産財団に属しないとされる財産をいう。以下同じ。）の考え方や、民事執行法に定める標準的な世帯の必要生計費の考え方との整合性

上記ニ）に関連して、経営者たる保証人による早期の事業再生等の着手の決断について、主たる債務者の事業再生の実効性の向上等に資するものとして、対象債権者としても一定の経済合理性が認められる場合には、対象債権者は、破産手続における自由財産の考え方を踏まえつつ、経営者の安定した事業継続、事業清算後の新たな事業の開始等（以下「事業継続等」という。）のため、一定期間（当該期間の判断においては、雇用保険の給付期間の考え方等を参考とする。）の生計費（当該費用の判断においては、１月当たりの標準的な世帯の必要生計費として民事執行法施行令で定める額を参考とする。）に相当する額や華美でない自宅等（ただし、主たる債務者の債務整理が再生型手続の場合には、破産手続等の清算型手続に至らなかったことによる対象債権者の回収見込額の増加額、又は主たる債務者の債務整理が清算型手続の場合には、当該手続に早期に着手したことによる、保有資産等の劣化防止に伴う回収見込額の増加額、について合理的に見積もりが可能な場合は当該回収見込額の増加額を上限とする。）を、当該経営者たる保証人（早期の事業再生等の着手の決断に寄与した経営者以外の保証人がある場合にはそれを含む。）の残存資産に含めることを検討することとする。ただし、本項（２）ロ）の場合であって、主たる債務の整理手続の終結後に保証債務の整理を開始したときにおける残存資産の範囲の決定については、この限りでない。

また、主たる債務者の債務整理が再生型手続の場合で、本社、工場等、主たる債務者が実質的に事業を継続する上で最低限必要な資産が保証人の所有資産である 場合は、原則として保証人が主たる債務者である法人に対して当該資産を譲渡し、当該法人の資産とすることにより、保証債務の返済原資から除外することとする。また、保証人が当該会社から譲渡の対価を得る場合には、原則として当該対価を保証債務の返済原資とした上で、上記ニ）の考え方に即して残存資産の範囲を決定するものとする。

なお、上記のような残存資産の範囲を決定するに際しては、以下のよう

な点に留意することとする。

a）保証人における対応

保証人は、安定した事業継続等のために必要な一定期間の生計費に相当する額や華美でない自宅等について残存資産に含めることを希望する場合には、その必要性について、対象債権者に対して説明することとする。

b）対象債権者における対応

対象債権者は、保証人から、a)の説明を受けた場合には、上記の考え方に即して、当該資産を残存資産に含めることについて、真摯かつ柔軟に検討することとする。

④　保証債務の弁済計画

イ）保証債務の弁済計画案は、以下の事項を含む内容を記載することを原則とする。

a）保証債務のみを整理する場合には、主たる債務と保証債務の一体整理が困難な理由及び保証債務の整理を法的債務整理手続によらず、このガイドラインで整理する理由

b）財産の状況（財産の評定は、保証人の自己申告による財産を対象として、本項（３）③に即して算定される残存資産を除いた財産を処分するものとして行う。なお、財産の評定の基準時は、保証人がこのガイドラインに基づく保証債務の整理を対象債権者に申し出た時点（保証人等による一時停止等の要請が行われた場合にあっては、一時停止等の効力が発生した時点をいう。）とする。）

c）保証債務の弁済計画（原則５年以内）

d）資産の換価・処分の方針

e）対象債権者に対して要請する保証債務の減免、期限の猶予その他の権利変更の内容

ロ）保証人が、対象債権者に対して保証債務の減免を要請する場合の弁済計画には、当該保証人が上記の財産の評定の基準時において保有する全ての資産（本項（３）③に即して算定される残存資産を除く。）を処分・換価して（処分・換価の代わりに、処分・換価対象資産の「公正な価額」に相当する額を弁済する場合を含む。）得られた金銭をもって、担保権者その

他の優先権を有する債権者に対する優先弁済の後に、全ての対象債権者（ただし、債権額２０万円以上（この金額は、その変更後に対象債権者となる全ての対象債権者の同意により変更することができる。）の債権者に限る。なお、弁済計画の履行に重大な影響を及ぼす恐れのある債権者については、対象債権者に含めることができるものとする。）に対して、それぞれの債権の額の割合に応じて弁済を行い、その余の保証債務について免除を受ける内容を記載するものとする[8]。

また、本項（２）ロ）の場合においては、準則型私的整理手続を原則として利用することとするが、保証人が、上記の要件を満たす弁済計画を策定し、合理的理由に基づき、準則型私的整理手続を利用することなく、支援専門家等の第三者の斡旋による当事者間の協議等に基づき、全ての対象債権者との間で合意に至った場合には、かかる弁済計画に基づき、本項（３）⑤の手続に即して、対象金融機関が残存する保証債務の減免・免除を行うことを妨げない。

⑤　保証債務の一部履行後に残存する保証債務の取扱い

以下の全ての要件を充足する場合には、対象債権者は、保証人からの保証債務の一部履行後に残存する保証債務の免除要請について誠実に対応する。

イ）保証人は、全ての対象債権者に対して、保証人の資力に関する情報を誠実に開示し、開示した情報の内容の正確性について表明保証を行うこととし、支援専門家は、対象債権者からの求めに応じて、当該表明保証の適正性についての確認を行い、対象債権者に報告すること

ロ）保証人が、自らの資力を証明するために必要な資料を提出すること

ハ）本項（２）の手続に基づき決定された主たる債務及び保証債務の弁済計画が、対象債権者にとっても経済合理性が認められるものであること

ニ）保証人が開示し、その内容の正確性について表明保証を行った資力の状況が事実と異なることが判明した場合（保証人の資産の隠匿を目的とした贈与等が判明した場合を含む。）には、免除した保証債務及び免除期間分

---

8 「公正な価額」に相当する額を弁済する場合等であって、当該弁済を原則５年以内の分割弁済とする計画もあり得る。

の延滞利息も付した上で、追加弁済を行うことについて、保証人と対象債権者が合意し、書面での契約を締結すること

8．その他

（1）このガイドラインは、平成２６年2月１日から適用することとする。

（2）このガイドラインに基づく保証契約の締結、保証債務の履行等を円滑に実施するため、主たる債務者、保証人、対象債権者及び行政機関等は、広く周知等が行われるよう所要の態勢整備に早急に取り組むとともに、ガイドラインの適用に先立ち、各々の準備が整い次第、このガイドラインに即した対応を開始することとする。

（3）このガイドラインは遡及的に適用されないため、保証人が本項（1）の適用日以前に保証債務の履行として弁済したものについては、保証人に返還できない。

（4）主たる債務者及び保証人が、このガイドラインに即して策定した弁済計画を履行できない場合は、主たる債務者、保証人及び対象債権者は、弁済計画の変更等について誠実に協議を行い、適切な措置を講じるものとする。

（5）このガイドラインによる債務整理を行った保証人について、対象債権者は、当該保証人が債務整理を行った事実その他の債務整理に関連する情報（代位弁済に関する情報を含む。）を、信用情報登録機関に報告、登録しないこととする。

以　上

改定履歴

年月	改定内容
令和４年６月	令和４年３月４日に新たな準則型私的整理手続として「中小企業の事業再生等に関するガイドライン」が策定されたこと、また、同年 ４月１日付で中小企業再生支援協議会と経営改善支援センターが統合し中小企業活性化協議会が発足したこと等に伴う改定。

事業承継時に焦点を当てた「経営者保証に関するガイドライン」の特則
（平成２５年１２月、経営者保証に関するガイドライン研究会）

１．はじめに

・経営者保証の取扱いについては、平成２６年２月の「経営者保証に関するガイドライン」（以下「ガイドライン」という。）の運用開始以降５年余りが経過した中、新規融資に占める無保証融資等の割合の上昇、事業承継時に前経営者、後継者の双方から二重に保証を求める（以下「二重徴求」[1]という。）割合の低下など、経営者保証に依存しない融資の拡大に向けて取組みが進んできたところである。

・ただし、事業承継に際しては、経営者保証を理由に後継者候補が承継を拒否するケースが一定程度あることが指摘されるなど、課題が残されている。

・この点、ガイドラインが主たる対象とする中小企業･小規模事業者（以下「中小企業」という。）を取り巻く最近の状況をみると、経営者の高齢化が一段と進む下で、休廃業・解散件数が年々増加傾向にある。更には、その予備軍である後継者未定企業も多数存在する中、このまま後継者不在により事業承継を断念し、廃業する企業が一段と増加すれば、地域経済の持続的な発展にとって支障をきたすことになりかねない点が懸念されている。

・このため、「成長戦略実行計画」（令和元年６月２１日閣議決定）では、中小企業の生産性を高め、地域経済にも貢献するという好循環を促すための施策として、経営者保証が事業承継の阻害要因とならないよう、原則として前経営者、後継者の双方からの二重徴求を行わないことなどを盛り込んだガイドラインの特則策定が明記された。

・以上を踏まえ、本特則は、ガイドラインを補完するものとして、主たる債務者、保証人及び対象債権者のそれぞれに対して、事業承継に際して求め、期待される具体的な取扱いを定めたものである[2]。

・本特則が、主たる債務者、保証人及び対象債権者において広く活用され、経

1　本特則における二重徴求とは、同一の金融債権に対して前経営者と後継者の双方から経営者保証を徴求している場合をいい、例えば、代表者交代前の既存の金融債権については前経営者、代表者交代後の新規の金融債権は後継者からのみ保証を徴求している場合は、二重徴求に該当しない。

2　本特則に定めのない事項については、ガイドライン及び同Ｑ＆Ａが適用され、本特則における各用語の定義は、特に断りのない限り、ガイドライン及び同Ｑ＆Ａと同様とする。

営者保証に依存しない融資の一層の実現に向けた取組みが進むことで、円滑な事業承継が行われることが期待される。

2．対象債権者における対応

・事業承継時の経営者保証の取扱いについては、原則として前経営者、後継者の双方から二重には保証を求めないこととし、後継者との保証契約に当たっては経営者保証が事業承継の阻害要因となり得る点を十分に考慮し保証の必要性を慎重かつ柔軟に判断すること、前経営者との保証契約については、前経営者がいわゆる第三者となる可能性があることを踏まえて保証解除に向けて適切に見直しを行うことが必要である。

・また、こうした判断を行うに当たっては、ガイドライン第４項（２）に即して検討しつつ、経営者保証の意味（規律付けの具体的な意味や実際の効果、保全としての価値）を十分に考慮し、合理的かつ納得性のある対応を行うことが求められる。

（１）前経営者、後継者の双方との保証契約

・原則として前経営者、後継者の双方から二重には保証を求めないこととし、例外的に二重に保証を求めることが真に必要な場合には、その理由や保証が提供されない場合の融資条件等について、前経営者、後継者の双方に十分説明し、理解を得ることとする。例外的に二重徴求が許容される事例としては、以下の通りである。

①　前経営者が死亡し、相続確定までの間、亡くなった前経営者の保証を解除せずに後継者から保証を求める場合など、事務手続完了後に前経営者等の保証解除が予定されている中で、一時的に二重徴求となる場合

②　前経営者が引退等により経営権・支配権を有しなくなり、本特則第２項（２）に基づいて後継者に経営者保証を求めることが止むを得ないと判断された場合において、法人から前経営者に対する多額の貸付金等の債権が残存しており、当該債権が返済されない場合に法人の債務返済能力を著しく毀損するなど、前経営者に対する保証を解除することが著しく公平性を欠くことを理由として、後継者が前経営者の保証を解除しないことを求めている場合

③　金融支援（主たる債務者にとって有利な条件変更を伴うもの）を実施し

ている先、又は元金等の返済が事実上延滞している先であって、前経営者から後継者への多額の資産等の移転が行われている、又は法人から前経営者と後継者の双方に対し多額の貸付金等の債権が残存しているなどの特段の理由により、当初見込んでいた経営者保証の効果が大きく損なわれるために、前経営者と後継者の双方から保証を求めなければ、金融支援を継続することが困難となる場合

④　前経営者、後継者の双方から、専ら自らの事情により保証提供の申し出があり、本特則上の二重徴求の取扱いを十分説明したものの、申し出の意向が変わらない場合（自署・押印された書面の提出を受けるなどにより、対象債権者から要求されたものではないことが必要）

・なお、対象債権者は、事業承継時に乗じた安易な保全強化や上記の例外的に二重徴求が許容される事例の拡大解釈による二重徴求を行わないようにする必要があり、事業承継を機に単に単独代表から複数代表になったことや、代表権は後継者に移転したものの、株式の大半は前経営者が保有しているといったことのみで二重徴求を判断することのないよう留意する必要がある。

・また、本特則策定以降、新たに二重に保証を求めた場合や既に二重徴求となっている場合には、二重徴求となった個別の背景を考慮し、一定期間ごと又はその背景に応じたタイミングで、安易に二重徴求が継続しないよう、適切に管理・見直しを行うことも必要である。

（2）後継者との保証契約

・後継者に対し経営者保証を求めることは事業承継の阻害要因になり得ることから、後継者に当然に保証を引き継がせるのではなく、必要な情報開示を得た上で、ガイドライン第４項（2）に即して、保証契約の必要性を改めて検討するとともに、事業承継に与える影響も十分考慮し、慎重に判断することが求められる。

・具体的には、経営者保証を求めることにより事業承継が頓挫する可能性や、これによる地域経済の持続的な発展、金融機関自身の経営基盤への影響などを考慮し、ガイドライン第４項（2）の要件の多くを満たしていない場合でも、総合的な判断として経営者保証を求めない対応ができないか真摯かつ柔軟に検討することが求められる。

・また、こうした判断を行う際には、以下の点も踏まえて検討を行うことが求

められる。

① 主たる債務者との継続的なリレーションとそれに基づく事業性評価や、事業承継に向けて主たる債務者が作成する事業承継計画や事業計画の内容、成長可能性を考慮すること

② 規律付けの観点から対象債権者に対する報告義務等を条件とする停止条件付保証契約[3]等の代替的な融資手法を活用すること

③ 外部専門家や公的支援機関による検証や支援を受け、ガイドライン第４項（２）の要件充足に向けて改善に取り組んでいる主たる債務者については、検証結果や改善計画の内容と実現見通しを考慮すること

④ 「経営者保証コーディネーター」[4]によるガイドライン第４項（２）を踏まえた確認を受けた中小企業については、その確認結果を十分に踏まえること

・こうした検討を行った結果、後継者に経営者保証を求めることが止むを得ないと判断された場合、以下の対応について検討を行うことが求められる。

⑤ 資金使途に応じて保証の必要性や適切な保証金額の設定を検討すること（例えば、正常運転資金や保全が効いた設備投資資金を除いた資金に限定した保証金額の設定等）

⑥ 規律付けの観点や財務状況が改善した場合に保証債務の効力を失うこと等を条件とする解除条件付保証契約[5]等の代替的な融資手法を活用するこ

3　停止条件付保証契約とは、主たる債務者が特約条項（コベナンツ）に抵触しない限り保証債務の効力が発生しない保証契約をいう。ガイドラインＱ＆Ａでは、特約条項の主な内容として、①役員や株主の変更等の対象債権者への報告義務、②試算表等の財務状況に関する書類の対象債権者への提出義務、③担保の提供等の行為を行う際に対象債権者の承諾を必要とする制限条項等、④外部を含めた監査体制の確立等による社内管理体制の報告義務等、を例示している。

4 「経営者保証コーディネーター」は、中小企業庁の委託事業として令和２年度から開始する「事業承継時の経営者保証解除に向けた専門家支援スキーム」において、経営者保証がネックで事業承継に課題を抱える中小企業を対象に、①中小企業経営者からの相談受付や周知、②ガイドライン第４項（２）及び本特則の要件を踏まえた「事業承継時判断材料チェックシート」に基づく経営状況の確認（見える化）、③前記②のチェックシートをクリアできない先の経営の磨き上げに向けた公的支援制度の活用、④中小企業経営者が保証解除に向けて取引金融機関と交渉・目線合わせを行う際の専門家（主に中小企業診断士や税理士、弁護士等）の派遣等を行うこととしている。

5　解除条件付保証契約とは、主たる債務者が特約条項（コベナンツ）を充足する場合は保証債務が効力を失う保証契約をいう。ガイドラインＱ＆Ａにおける特約条項の主な内容 は、脚注３の①～④を参照。なお、この場合、財務状況の改善をコベナンツとすることも考えられる。

と

⑦　主たる債務者の意向を踏まえ、事業承継の段階において、一定の要件を満たす中小企業については、その経営者を含めて保証人を徴求しない信用保証制度[6]を活用すること

⑧　主たる債務者が事業承継時に経営者保証を不要とする政府系金融機関の融資制度[7]の利用を要望する場合には、その意向を尊重して、真摯に対応すること

（３）前経営者との保証契約

・前経営者は、実質的な経営権・支配権を保有しているといった特別の事情がない限り、いわゆる第三者に該当する可能性がある。令和２年４月１日からの改正民法の施行により、第三者保証の利用が制限されることや、金融機関においては、経営者以外の第三者保証を求めないことを原則とする融資慣行の確立が求められていることを踏まえて、保証契約の適切な見直しを検討することが求められる。

・保証契約の見直しを検討した上で、前経営者に対して引き続き保証契約を求める場合には、前経営者の株式保有状況（議決権の過半数を保有しているか等)、代表権の有無、実質的な経営権・支配権の有無、既存債権の保全状況、法人の資産・収益力による借入返済能力等を勘案して、保証の必要性を慎重に検討することが必要である。特に、取締役等の役員ではなく、議決権の過半数を有する株主等でもない前経営者に対し、止むを得ず保証の継続を求める場合には、より慎重な検討が求められる。

・また、本特則第２項（４）のとおり、具体的に説明することが必要であるほか、前経営者の経営関与の状況等、個別の背景等を考慮し、一定期間ごと又はその背景等に応じた必要なタイミングで、保証契約の見直しを行うことが求められる（根保証契約についても同様)。

6　本保証制度（「事業承継特別保証制度」）は、保証申込受付日から３年以内に事業承継を予定する具体的な計画を有し、資産超過である等の財務要件を満たす中小企業に対して、経営者保証が提供されている借入（事業承継前のものに限る。）を借り換えて無保証とするなど、事業承継時に障害となる経営者保証を解除し、事業承継を促進することを企図している。借換えについては、信用保証付借入のみならず、いわゆる「プロパー借入」（他金融機関扱い分も含む。）も対象とする。令和２年度より取扱い開始。

7　例えば、日本政策金融公庫の「事業承継・集約・活性化支援資金」が挙げられる。れる。

（4）債務者への説明内容

・主たる債務者への説明に当たっては、対象債権者が制定する基準等を踏まえ、ガイドライン第4項（2）の各要件に掲げられている要素（外部専門家や経営者保証コーディネーターの検証・確認結果を得ている場合はその内容を含む）のどの部分が十分ではないために保証契約が必要なのか、どのような改善を図れば保証契約の変更・解除の可能性が高まるかなど、事業承継を契機とする保証解除に向けた必要な取組みについて、主たる債務者の状況に応じて個別・具体的に説明することが求められる。特に、ハ）で定める法人の資産・収益力については、可能な限り定量的な目線を示すことが望ましい。

・また、金融仲介機能の発揮の観点から、事業承継を控えた主たる債務者に対して、早期に経営者保証の提供有無を含めた対応を検討するよう促すことで、円滑な事業承継を支援することが望ましい。

・更に、保証債務を整理する場合であっても、ガイドラインに基づくと、一定期間の生計費に相当する額や華美ではない自宅等について、保証債務履行時の残存資産に含めることが可能であることについても説明することが求められる。

（5）内部規程等による手続の整備

・本特則第2項（1）から（4）に沿った対応ができるよう、社内規程やマニュアル等を整備し、職員に対して周知することが求められる。

・なお、社内規程等の整備に当たっては、原則として前経営者、後継者の双方からの二重徴求を行わない、経営者保証に依存しない融資を一層推進するとの考えの下、経営者保証の徴求を真に必要な場合に限るための対応を担保するためには、具体的な判断基準や手続を定めるなど、工夫した取組みを行うことが望ましい。

3．主たる債務者及び保証人における対応

・主たる債務者及び保証人が経営者保証を提供することなしに事業承継を希望する場合には、まずは、ガイドライン第4項（1）に掲げる経営状態であることが求められる。特に、この要件が未充足である場合には、後継者の負担を軽減させるために、事業承継に先立ち要件を充足するよう主体的に経営改善に取り組むことが必要である。

・このため、「事業承継ガイドライン」に記載の事業承継に向けた５つのステップ[8]も参照しつつ、事業承継後の取組みも含めて、以下のような対応が求められる。

・また、以下の対応を行うに際しては、ガイドライン第４項（１）①に掲げる外部専門家の検証や公的支援機関の支援を活用することも推奨される。

（１）法人と経営者との関係の明確な区分・分離

・経営者は、事業承継の実行（本特則では代表者交代のタイミングをいう。）に先立ち、あるいは経営権・支配権の移行方法・スケジュールを定めた事業承継計画や事業承継前後の事業計画を策定・実行する中で、法人と経営者との関係の明確な区分・分離を確認した上で、その結果を後継者や対象債権者と共有し、必要に応じて改善に努めることが望ましい。

（２）財務基盤の強化

・事業承継に向けて事業承継計画や事業計画を策定する際に、現経営者と後継者が対象債権者とも対話しつつ、将来の財務基盤の強化に向けた具体的な取組みや目標を検討し、計画に盛り込むことで、対象債権者とも認識を共有する。

・また、その際、公的支援機関が提供する支援制度を活用して、外部専門家のアドバイスを受けるなど、計画の実現可能性を高めることも推奨される。

（３）財務状況の正確な把握、適時適切な情報開示等による経営の透明性確保

・自社の財務状況、事業計画、業績見通し等について、決算書を含めた法人税等確定申告書一式や試算表、資金繰り表等により、現経営者と後継者が認識を共有することが必要である。

・対象債権者との間では、望ましい情報開示の内容・頻度について認識を共有するとともに、代表者交代の見通しやそれに伴う経営への影響、ガイドラインの要件充足に向けた取組み等を含めた事業承継計画等について、対象債権者からの情報開示の要請に対して正確かつ丁寧に信頼性の高い情報を可能な

8　「事業承継ガイドライン」（中小企業庁、平成２８年１２月）では、事業承継に向けたステップとして、①事業承継に向けた準備の必要性の認識、②経営状況・経営課題等の把握（見える化）、③事業承継に向けた経営改善（磨き上げ）、④事業承継計画の策定（親族内・従業員承継の場合）／Ｍ＆Ａ等のマッチング実施（社外への引継ぎの場合）、⑤事業承継の実行を定め、計画的な事業承継を促している。

限り早期に開示・説明することが望ましい。

・また、外部専門家による情報の検証も活用し、開示した情報の信頼性を高める取組みも推奨される。

・併せて、対象債権者が適切なタイミングで経営者保証の解除を検討できるように、株式の移転や、経営権・支配権の移転等が行われた場合は、速やかに対象債権者に報告することが求められる。

・なお、ガイドラインに基づき保証債務の整理を行うと、一定期間の生計費に相当する額や華美ではない自宅等について、保証債務履行時の残存資産に含めることが可能であり、普段から対象債権者と良好な関係を構築することが重要である。

4．その他

・本特則は、令和２年４月１日から適用することとする。

・本特則に基づく取扱いを円滑に実施するため、主たる債務者、保証人、対象債権者及び行政機関等は、広く周知等が行われるよう所要の態勢整備に早急に取り組むとともに、本特則の適用に先立ち、各々の準備が整い次第、本特則に即した対応を開始することとする。

「中小・地域金融機関向けの総合的な監督指針」等の一部改正（案）
（令和４年１２月、金融庁）

【本編】

Ⅱ　銀行監督上の評価項目

Ⅱ－３　業務の適切性

Ⅱ－３－２　利用者保護等

Ⅱ－３－２－１－２　主な着眼点

（１）（略）
（２）契約時点等における説明
　以下の事項について、社内規則等を定めるとともに、従業員に対する研修その他の当該社内規則に基づいて業務が運営されるための十分な体制が整備されているか検証する。
①　商品又は取引の内容及びリスク等に係る説明
　契約の意思形成のために、顧客の十分な理解を得ることを目的として、必要な情報を的確に提供することとしているか。
　なお、検証に当たっては、特に以下の点に留意する。
イ．・ロ．（略）
ハ．個人保証契約については、保証債務を負担するという意思を形成するだけでなく、その保証債務が実行されることによって自らが責任を負担することを受容する意思を形成するに足る説明を行うこととしているか。
　例えば、保証契約の形式的な内容にとどまらず、保証の法的効果とリスクについて、最悪のシナリオ即ち実際に保証債務を履行せざるを得ない事態を想定した説明を行うこととしているか。
　また、保証人に対し説明をした旨を確認し、その結果等を書面又は電子的方法で記録することとしているか。

ニ．経営者等との間で保証契約を締結する場合には、「経営者保証に関するガイドライン」に基づき、以下の点について、主債務者と保証人に対して丁寧かつ具体的に説明を行うこととしているか、また、保証人に対し、下記に掲げる事項を踏まえた説明をした旨を確認し、その結果等を書面又は電子的方法で記録することとしているか（Ⅱ－１０－２参照）。

ａ．どの部分が十分ではないために保証契約が必要となるのか、個別具体の内容（注）

ｂ．どのような改善を図れば保証契約の変更・解除の可能性が高まるか、個別具体の内容（注）

ｃ．原則として、保証履行時の履行請求は、一律に保証金額全額に対して行うものではなく、保証履行時の保証人の資産状況等を勘案した上で、履行の範囲が定められること

（削除）

（注）「経営者保証に関するガイドライン」第４項（２）に掲げられている要素を参照の上、債務者の状況に応じた内容を説明。

　その際、可能な限り、資産・収益力については定量的、その他の要素については客観的・具体的な目線を示すことが望ましい。

ホ．～チ．（略）

② 契約締結の客観的合理的理由の説明

顧客から説明を求められたときは、事後の紛争等を未然に防止するため、契約締結の客観的合理的理由についても、顧客の知識、経験等に応じ、その理解と納得を得ることを目的とした説明を行う態勢が整備されているか。

なお、以下のイ．及びロ．の検証に関しては、各項に掲げる事項について顧客から求められれば説明する態勢、また、ハ．の検証に関しては、保証契約を締結する場合において上記ニ．ａ．からｃ．を説明する態勢及びその結果等を書面又は電子的方法で記録する態勢が整備されているかに留意する。

イ．・ロ．（略）

ハ．保証契約

保証人の立場及び財産の状況、主債務者や他の保証人との関係等を踏まえ、当該保証人との間で保証契約を締結する客観的合理的理由

ａ．・ｂ．（略）

ｃ．経営者等に保証を求める場合には、「経営者保証に関するガイドライン」に基づき（Ⅱ－１０－２参照）、当該経営者等と保証契約を締結する客観的合理的理由（注）

（注）客観的合理的理由の説明に当たっては、どの部分が十分ではないために保証契約が必要なのか、どのような改善を図れば保証契約の変更・解除の可能性が高まるか、について、債務者の状況に応じて、個別具体的に説明を行う。

その際、可能な限り、資産・収益力については定量的、その他の要素については客観的・具体的な目線を示すことが望ましい。

③・④（略）

Ⅱ－４　金融仲介機能の発揮

Ⅱ－４－２　主な着眼点

上記の基本的役割を踏まえ、各金融機関が金融仲介機能を組織全体として継続的に発揮するための態勢整備の状況も含め、各金融機関の取組み状況を検証することが必要である。このため、以下の着眼点に基づき検証していく
(顧客企業に対するコンサルティング機能の発揮に関する着眼点は、Ⅱ－５－３を参照)。

（１）～（４）（略）

（５）保証契約を締結する場合には、どの部分が十分ではないために保証契約が必要なのか、どのような改善を図れば保証契約の変更・解除の可

能性が高まるか、の客観的合理的理由について、顧客の知識、経験等に応じ、その理解と納得を得ることを目的とした説明を行うこととしているか。

Ⅱ－１０　「経営者保証に関するガイドライン」の融資慣行としての浸透・定着等

Ⅱ－１０－１　意義

中小企業・小規模事業者等（以下「中小企業」という。）の経営者による個人保証（以下「経営者保証」という。）には、中小企業の経営への規律付けや信用補完として資金調達の円滑化に寄与する面がある一方、経営者による思い切った事業展開や創業を志す者の起業への取組み、保証後において経営が窮境に陥った場合における早期の事業再生を阻害する要因となっているなど、企業の活力を阻害する面もあり、経営者保証の契約時及び履行時等において様々な課題が存在する。

こうした状況に鑑み、中小企業の経営者保証に関する中小企業、経営者及び金融機関による対応についての自主的自律的な準則として「経営者保証に関するガイドライン」（平成25年12月5日「経営者保証に関するガイドライン研究会」により公表。以下「ガイドライン」という。）が定められた。

このガイドラインは、経営者保証における合理的な保証契約の在り方等を示すとともに主たる債務の整理局面における保証債務の整理を公正かつ迅速に行うための準則であり、中小企業団体及び金融機関団体の関係者が中立公平な学識経験者、専門家等と共に協議を重ねて策定したものであって、主債務者、保証人及び対象債権者によって、自発的に尊重され、遵守されることが期待されている。

金融機関においては、経営者保証に関し、ガイドラインの趣旨や内容を十分に踏まえた適切な対応を行うことにより、ガイドラインを融資慣行として浸透・定着させていくことが求められており、その取組方針等を公表することが望ましい。

Ⅱ－１０－２　主な着眼点

（１）経営陣は、ガイドラインを尊重・遵守する重要性を認識し、主導性を十分に発揮して、経営者保証への取組方針等を明確に定めているか。また、ガイドラインに示された経営者保証の準則を始めとして、以下のような事項について職員への周知徹底を図っているか。

①　経営者保証に依存しない融資の一層の促進（法人と経営者との関係の明確な区分・分離が図られている等の場合における、経営者保証を求めない可能性等の検討を含む。）

②　経営者保証の契約時の対応（適切な保証金額の設定や、保証契約を締結する場合には、どの部分が十分ではないために保証契約が必要なのか、どのような改善を図れば保証契約の変更・解除の可能性が高まるか、の客観的合理的理由について、顧客の知識、経験等に応じ、その理解と納得を得ることを目的とした説明を行うことを含む。）

③〜⑤（略）

（２）ガイドラインに基づく対応を適切に行うための社内規程やマニュアル（「経営者保証に関するガイドライン」第４項（２）に掲げられている要 素を参照の上、可能な限り、資産・収益力については定量的、その他の要素については客観的・具体的な目線を示すことを含む。）、契約書の整備、本部による営業店支援態勢の整備等、必要な態勢の整備に努めているか。

（３）〜（５）（略）

（６）保証契約を締結する場合には、どの部分が十分ではないために保証契約が必要なのか、どのような改善を図れば保証契約の変更・解除の可能性が高まるか、の客観的合理的理由についても、顧客の知識、経験等に応じ、その理解と納得を得ることを目的とした説明を行う態勢が整備されているか。また、その結果等を書面又は電子的方法で記録する態勢が整備されているか。

（7）・（8）（略）

Ⅱ－１０－３　監督手法・対応

金融機関による上記の取組みについては、「主債務者、保証人及び対象債権者がガイドラインに基づく対応に誠実に協力することによって継続的かつ良好な信頼関係が構築・強化されるとともに、各ライフステージにおける中小企業や創業を志す者の取組意欲の増進が図られ、ひいては中小企業金融の実務の円滑化を通じて中小企業等の活力が一層引き出され、日本経済の活性化に資するよう、金融機関等による積極的な活用を通じて、本ガイドラインが融資慣行として浸透・定着していくことが重要」との政策趣旨に鑑み、適切に取り組む必要がある。

こうした取組態勢や取組状況を踏まえ、各種ヒアリングの機会等を通じ、ガイドラインを融資慣行として浸透・定着させるための取組方針等を公表するよう金融機関に促していく。

さらに、監督上の対応として、内部管理態勢の実効性等に疑義が生じた場合には、必要に応じ、報告（法第 24 条に基づく報告を含む。）を求めて検証し、業務運営の適切性、健全性に問題があると認められれば、法第 24 条に基づき報告を求め、又は、重大な問題があると認められる場合には、法第 26 条に基づき業務改善命令を発出するものとする。

１年を超えて子会社とすること
別紙様式２－５

年　　月　　日

金融庁長官 ○○○○ 殿

所在地
商　号

代表者

(担当部署、担当者、担当者連絡先)

銀行法16条の2第5項の規定に基づき、1年を超えて子会社とすることに係る認可申請書

○○を引き続き1年を超えて子会社とすることについて、銀行法第16条の2第5項の規定に基づき、認可を申請いたします。

---------------- ○ ----------------

(注) 添付書類

1別紙様式2－5の2

2銀行法施行規則第17条の5第1項第2号、第3号、第4号ハ、第5号及び第6号に掲げる書面(同法施行規則第17条の5第3項において準用)

別紙様式2－5の2

(表略)

子会社の業務を変更すること

別紙様式2－6

年　　月　　日

金融庁長官 ○○○○ 殿

所在地

商　号

代表者

銀行法第16条の2第13項の規定に基づき子会社の
業務を変更することに係る認可申請書

子会社である○○を銀行法第16条の2第1項第○号に該当する会社とす

ることについて、同条 13 項の規定に基づき、認可を申請いたします。

------------------------------------ ○ ------------------------------------

(注) 添付書類

1　別紙様式２－６の２

2　銀行法施行規則第 17 条の５第１項第２号、第３号、第４号ハ、第５号及び第６号に掲げる書面（同法施行規則第 17 条の５第９項において準用）

別紙様式２－６の２

(表略)

中小企業の事業再生等に関するガイドライン

（令和４年３月、中小企業の事業再生等に関する研究会）

＜第一部＞　本ガイドラインの目的等

１．はじめに

令和３年６月に公表された「成長戦略実行計画」を受け、中小企業者の事業再生・事業廃業（以下「事業再生等」という。）に関し、関係者間の共通認識を醸　成し、事業再生等に係る総合的な考え方や具体的な手続等をガイドラインとして取り纏めることを最終目標として、令和３年１１月５日「中小企業の事業再生等に関する研究会」が発足した。

本研究会では、金融界・産業界を代表する者が、中立公平な専門家、学識経験者などとともに活発に議論を重ねてきたが、今般、その成果物を「中小企業の事業再生等に関するガイドライン」として公表するものである。

我が国の中小企業数は、平成２８年時点で約３５７．８万社となっており、我が国の企業数のうち９９．７％を占めている。また、その従業者数は約３，２２０万人で、全従業者数の６８．８％を占めている。令和２年以降に世界的に拡大した新型コロナウイルス感染症は、我が国経済に対しても甚大な影響をもたらしたが、とりわけ中小企業者においてその影響は大きい。経営改善に取組む中小企業者がこうした難局を乗り切り、持続的成長に向けて踏み出していくためには、債務者である中小企業者と債権者である金融機関等が、お互いの立場をよく理解し、共通の認識の下で、一体となって事業再生等に向けた取組みを進めていくことが重要である。本ガイドラインが中小企業者の維持・発展や事業再生等を後押しし、日本経済・地域経済の活性化に資するものとなることを願う。

２．目的

本ガイドラインは、二つの目的から構成されている。

一点目の目的は、中小企業者の「平時」、「有事」、「事業再生計画成立後のフォローアップ」、各々の段階において、中小企業者、金融機関それぞれが果たすべき役割を明確化し、中小企業者の事業再生等に関する基本的な考え方を示すことである。本ガイドラインと経営者保証に関するガイドラインの活用等を通じて、中小企業者と金融機関の間における継続的かつ良好な信頼関係の構築・強化、中小企業金融の円滑化及び中小企業者のライフステージ（創業、成長・発展、事業再構築、早期の事業再生や事業清算への着手、円滑な事業承継、新たな事業の開始等をいう。）における中小企業者の取組み意欲の増進を図り、中小企業者の活力が一層引き出されることを目的としている。本ガイドラインの第二部がこれに該当し、法的拘束力はないものの、債務者である中小企業者、債権者である金融機関等及びその他の利害関係人によって、自発的に尊重され遵守されることが期待されている。

二点目の目的は、令和２年以降に世界的に拡大した新型コロナウイルス感染症による影響からの脱却も念頭に置きつつ、より迅速かつ柔軟に中小企業者が事業再生等に取り組めるよう、新たな準則型私的整理手続、即ち「中小企業の事業再生等のための私的整理手続」を定めることである。当該手続は、第三者の支援専門家が、中立かつ公正・公平な立場から、中小企業者が策定する事業再生計画や弁済計画の相当性や経済合理性等を検証すること等を通じて、中小企業者や金融機関等による迅速かつ円滑な私的整理手続を可能とすることを目的としている。本ガイドラインの第三部がこれに該当し、当該手続は、中小企業者、金融機関等に対して準則型私的整理手続の新たな選択肢を提供するものである。

なお、第二部と第三部は中小企業者の事業再生等の実現という共通の理念を有するものの、第三部が準則型私的整理手続という債務整理実施のための手続として独立した性質を持つことに鑑み、第二部が、第三部の手続利用にあたっての前提条件とはなっていないことを念のため付言する。

３．本ガイドラインの対象企業・対象金融機関等

本ガイドラインにおける対象企業である「中小企業者」は、中小企業基本法第２条第１項で定められている「中小企業者」（常時使用する従業員数が３００人以下の医療法人を含む。）を指すものとし、「小規模企業者」は中小企業者のうち中小企業基本法第２条第５項に定義される事業者を指すものとする。本ガイドラインでは、特に小規模企業者を対象とした条項を個別に設けているが、その事業規模や実態等に照らし適切と考えられる限りにおいて、小規模企業者に適用される条項をこれに該当しない中小企業者に対して適用するこ

とを妨げないものとする。

第二部の「金融機関」は、中小企業者に対して金融債権を有する銀行、信用金庫、信用組合、労働金庫、農業協同組合、漁業協同組合及び政府系金融機関を指すものとする。

また、第三部の「対象債権者」は、原則として、銀行、信用金庫、信用組合、労働金庫、農業協同組合、漁業協同組合、政府系金融機関、信用保証協会（代位弁済を実行し、求償権が発生している場合。保証会社を含む。）、サービサー等（銀行等からの債権の譲渡を受けているサービサー等）及び貸金業者を指すものとする。但し、第三部に定める手続に基づく私的整理を行う上で必要なときは、その他の債権者を含むものとする。

＜第二部＞　中小企業の事業再生等に関する基本的な考え方

1．平時における中小企業者と金融機関の対応

（1）平時の重要性

中小企業者と金融機関との取引においては、平時から、両者が適時適切な対応を取り、信頼関係を構築しておくことが極めて重要であり、そもそも有事（第二部２.柱書において定義する。）に移行しないことがお互いにとって望ましい。平時における適時適切な対応は、中小企業者が有事に陥ることを防止するという予防的効果があるのみならず、中小企業者が仮に有事に陥った場合でも、平時において両者間で築かれた信頼関係は、金融機関による迅速で、円滑な支援検討を可能とし、もって中小企業者の早期の事業再生等に資することになるという効果が期待される。

そのため、中小企業者と金融機関においては、平時からそれぞれ次の対応に努めることが望ましい。

（2）債務者である中小企業者の対応

中小企業者は、以下の対応に努めるものとする。

①　収益力の向上と財務基盤の強化

中小企業者は、事業計画を策定し、当該計画の実行・評価・改善を行うこと等で、本源的な収益力の向上を目指し、もって財務基盤及び信用力を

強化する。これにより、中小企業者は、事業の維持・発展等に必要な資金を適時にかつ円滑に調達することが可能になるものである。

② 適時適切な情報開示等による経営の透明性確保

中小企業者は、経営の状況、損益の状況、財産（資産負債）の状況（保証人等のものを含む。）、事業計画・業績見通し及びその進捗状況等（以下「経営情報等」という。）に関して、正確かつ信頼性の高い情報を、自発的に又は金融機関からの要請に応じて、開示・説明することにより、経営の透明性を確保するように努める。また、開示・説明したのちに、経営情報等に関して重大な変動が生じた場合には、自発的に報告するなど金融機関に対する適時適切な開示・説明に努める。

なお、情報開示の信頼性の向上の観点から、法令に即した計算書類等を作成することはもちろん、中小企業庁、金融庁を事務局とする「中小企業の会計に関する検討会」が策定した「中小企業の会計に関する基本要領」[1]や、中小企業の会計に関する指針作成検討委員会[2]が策定した「中小企業の会計に関する指針」を積極的に活用することが望ましい。加えて、公認会計士や税理士等に対して経営情報等の検証を求め、その検証結果と併せて開示を行うことが望ましい。

但し、小規模企業者については、その事業規模等に照らして可能な範囲で以上の対応に努めるものとする。

③ 法人と経営者の資産等の分別管理

中小企業者は、法人の業務、経理、資産等に関し、法人と経営者の関係を明確に区分・分離し、法人と経営者の間の資金のやりとり（役員報酬・賞与、配当、経営者への貸付等）を、社会通念上適切な範囲を超えないものとする体制を整備するなど、適切な運用を図ることを通じて、法人と経営者の資産等を適切に分別管理するように努める。

④ 予防的対応

平時から有事への移行は、自然災害や取引先の倒産等によって突発的に

---

1 https://www.chusho.meti.go.jp/zaimu/kaikei/pamphlet/2012/kihon/index.htm

2 中小企業の会計に関する指針作成検討委員会は、日本税理士会連合会、日本公認会計士協会、日本商工会議所および企業会計基準委員会の関係4団体が主体となって2005年に設置した。

生じるだけでなく、事業環境や社会環境の変化等に十分に対応できないことにより、段階的に生じることが十分に想定される。中小企業者は、有事へ移行しないように事業環境や社会環境の変化に的確に対応するように努めるとともに、有事へ移行する兆候を自覚した場合には、上記①～③の対応を取るのみならず、速やかに金融機関に報告し、金融機関や社外の実務専門家（以下、「実務専門家」という。）、公的機関や各地の商工会議所等の助言を得るように努める。併せて、中小企業者は、資金繰りの安定化を図りつつ、本源的な収益力の改善に向けた事業改善計画を策定して、実行することが重要である。また、計画の策定過程や実行過程において課題が生じた場合には、金融機関や実務専門家に早期に相談し、助言を得ることが重要である。

（3）債権者である金融機関の対応

金融機関は、以下の対応に努めるものとする。

① 経営課題の把握・分析等

金融機関は、中小企業者との信頼関係の構築に努めるとともに、開示・説明を受けた経営情報等を基に、中小企業者の経営の目標や課題を把握するように努める。その上で、中小企業者の経営の目標や課題を分析し、中小企業者のライフステージや事業の維持・発展の可能性の程度等を適切に見極める。

また、中小企業者が自らの経営の目標や課題を正確かつ十分に認識できるよう適切に助言し、中小企業者がその実現・解決に向けて主体的に取り組むように促す。

② 最適なソリューションの提案

中小企業者の経営の目標の実現や課題の解決に向けて、メイン・非メイン先の別や、プロパー融資・信用保証協会保証付き融資の別にかかわらず、中小企業者のライフステージ等を適切に見極めた上で、当該ライフステージ等に応じ、中小企業者の立場に立って、適時、能動的に最適なソリューションを提案する。その際、必要に応じ、他の金融機関、実務専門家、外部機関等と連携するとともに、国や地方公共団体の中小企業支援施策を活用する。

③　中小企業者に対する誠実な対応

中小企業者に対して１.（２）②の対応を促すため、経営情報等について中小企業者から開示・説明を受けた金融機関は、その事実や内容だけをもって中小企業者に不利な対応がなされることのないよう、情報開示に至った経緯やその内容等を踏まえ、誠実な対応に努めることとする。

④　予兆管理

中小企業者の平時から有事への移行は、自然災害や取引先の倒産等によって突発的に生じるだけでなく、事業環境や社会環境の変化に伴い段階的に生じることが十分に想定される。金融機関は、有事への段階的移行の兆候を把握することに努めるとともに、必要に応じて、中小企業者に対し、有事への段階的な移行過程にあることの認識を深めるよう働きかけ、事業改善計画の策定やその実行に関する主体的な取組みを促す。また、１.（２）④の助言を求められた場合には、事業改善計画策定支援（その後のフォローアップを含む。）や事業再構築に向けた支援を行うとともに、その過程で、課題が生じた場合には、その解決に向けて、実効性のある課題解決の方向性を提案する。

２．有事における中小企業者と金融機関の対応

中小企業者は、収益力の低下、過剰債務等による財務内容の悪化、資金繰りの悪化等が生じたため、経営に支障が生じ、又は生じるおそれがある場合（本ガイドラインにおいて「有事」という。）には、その置かれた状況に応じて、早期に経営改善を図るとともに、事業再生等を検討し実行することが望ましい。かかる考え方に基づき、平成１３年の私的整理ガイドライン策定以降、有事に対応する各種の準則型私的整理手続が整備されてきたが、これまで私的整理手続を進めるにあたっては、中小企業者と金融機関のそれぞれの判断に拠っている面もあった。

しかしながら、有事に至っている中小企業者が円滑に事業再生等を図っていくにあたっては、中小企業者、金融機関双方がお互いの立場をよく認識し、共通の理解の下で、一体となって事業再生等に向けた取組みを進めていくことが重要である。よって、本項では、中小企業者の迅速かつ円滑な事業再生等を図るべく、中小企業者と金融機関が事業再生等に取り組む上での基本的な考え方

を示すこととする。

（1）債務者である中小企業者の対応

中小企業者は、有事に至った場合、原則的には以下の対応を行うことが求められる。

① 経営状況と財務状況の適時適切な開示等

中小企業者が事業再生等を図るためには、金融機関に対して、正確かつ丁寧に信頼性の高い経営情報等を開示･説明することが求められる。また、開示する経営情報等の信頼性の向上の観点から、公認会計士、税理士等による検証を経て、その検証結果と合わせた開示を行うことが望ましい。加えて、開示・説明したのちに、事業計画・業績見通し等に重大な変動が生じた場合は、平時以上に、自発的に金融機関に報告するなど適時適切な開示・説明に努める必要がある。

② 本源的な収益力の回復に向けた取組み

令和３年６月の政府の「成長戦略実行計画」でも指摘されている通り、事業再生には様々な手法がある。金融支援はそのオプションの一つであり、有事においては、本源的な収益力の回復が重要である。事業再生を進めるにあたっては、中小企業者が自律的・持続的な成長に向け、本源的な収益力の回復に取り組むことが必要である。

③ 事業再生計画の策定

中小企業者は、自ら本質的な経営課題を認識し、事業再生に向けて主体的に取り組んでいくためにも、必要に応じて、実務専門家等に相談し、その支援・助言を得つつ、自力で事業再生計画を策定することが望ましい。

事業再生計画の内容は、中小企業者の置かれた状況に応じて異なるが、金融債務の減免等を求める必要がある場合には、実行可能性のある内容であること、金融支援を求める必要性・合理性があること、金融債権者間の衡平や金融機関にとっての経済合理性が確保されていること、さらに、経営責任や株主責任が明確化されていることが求められる。

④ 有事における段階的対応

有事における対応は、中小企業者を取り巻く事業環境のみならず、事業再生計画、金融支援及びスポンサー支援の有無やその内容によって様々であり､そのあり方や推移の態様は一様ではなく､必ずしも下記イからロ､ハ､

ニと順番に推移するものではないが、以下に典型的な段階とそれに応じた必要な対応を記載する。

イ　返済猶予等の条件緩和が必要な段階

中小企業者は、事業改善計画の策定・実行を通じて、本源的収益力の回復に向けた自助努力や非事業用資産の換価・処分等を行ってもなお、債務について約定の元本返済が困難となり、やむを得ない場合には、資金繰りの安定化のために、金融機関に対して、元本返済猶予その他債務の返済条件の緩和等（以下、第二部において、「条件緩和」という。）の要請を検討し、また急激な資金流出の抑制のために必要があるときは、元本返済の一時停止・一時猶予の要 請を検討する。

中小企業者は、条件緩和を受けた場合には、金融機関や実務専門家の支援・助言等を得つつ、有事に至った原因を明らかにし、事業再生計画の策定・実行を通じて、収益力の回復に努める。

ロ　債務減免等の抜本的な金融支援が必要な段階

中小企業者が、条件緩和を受け、収益力の回復に努めてもなお、金融債務全額の返済が困難であり、やむを得ない場合には、事業再生を図るために必要かつ合理的な範囲で金融債務の減免その他債務の資本化等（ＤＥＳ[3]を含む。第二部、第三部において、以下「債務減免等」という。）の要請を検討する。このとき、中小企業者は、経営責任と株主責任を明確化する。

ハ　上記イ、ロの対応策を講じてもなお事業再生が困難な場合

中小企業者は、イ、ロの対応を経てもなお事業再生が困難である場合で、スポンサー支援や経営の共同化により迅速・確実に事業再 生を実行できるときは、これらの対策を真摯に検討する。

スポンサー支援を求める場合、金融機関や実務専門家の支援・助言を得つつ、透明性のある手続でスポンサーを選定するように努める。

ニ　上記イ、ロ、ハの対応策を講じてもなお事業再生が困難な場合

中小企業者は、条件緩和や債務減免等の金融支援を受け、収益力の回復に努めてもなお、赤字が継続し、資金流出を止めることができないと

3　デット・エクイティ・スワップ。債務を株式と交換すること。

きには、事業廃止（廃業）を検討する。

具体的には、スポンサー支援により赤字を脱却し事業継続を図ることができる場合には、スポンサーへの事業譲渡等も検討することとし、スポンサー支援も得られる見込みのない場合には、早　期に事業を廃止し、清算することを検討する。

（2）債権者である金融機関の対応

金融機関は、中小企業者が有事に至った場合、原則的には以下の対応を行うことが求められる。なお、信用保証協会、金融機関から債権を譲り受けたサービサー等、貸金業者、リース債権者においても、同様の対応を行うことが望ましい。

①　事業再生計画の策定支援

有事に陥った中小企業者が事業再生計画を策定するにあたっては、中小企業者が本質的な経営課題を認識し、経営改善に向けて主体的に取り組んでいく必要がある。その際、金融機関は、政府の計画策定支援に係る事業に基づくものを含め、事業再生計画の合理性や実現可能性等について、中小企業者と協力しながら確認する。また、中小企業者が自力で事業再生計画を策定できないと判断される場合には、中小企業者の理解を得つつ、事業再生計画の策定を積極的・継続的に支援する。

②　専門家を活用した支援

金融機関単独では事業再生計画の策定支援が困難であると見込まれる場合や、支援にあたり債権者間の複雑な利害調整を必要とする場合には、当該支援の確実性と実効性を高める観点から、実務専門家や外部機関の第三者的な視点、専門的な知見・機能の積極的な活用を促し、計画策定を積極的に支援する。また、中小企業者に直接貸金債権を有する金融機関は、必要に応じて、これを保証している信用保証協会に対し、計画内容や対応状況について共有し、連携した対応を行う。

③　有事における段階的対応

中小企業者が、2.（1）①の適切な情報開示、②の本源的な収益力の回復、③の事業再生計画の策定等に向けて誠実に取り組んでいる場合には、中小企業者の置かれた状況に応じて、以下のような対応を検討する。

イ　中小企業者から条件緩和の申出を受けた場合

条件緩和により事業再生の可能性があり、必要性・合理性が認められる場合には、条件緩和等の要請について誠実に検討する。

ロ　中小企業者から債務減免等の申出を受けた場合

金融債務の減免等により事業再生の蓋然性があり、債務減免等の必要性と金融機関にとっての経済合理性があり、金融機関間の衡平が確保され、かつ、経営責任と株主責任が明確化されている場合には、経営規律の確保やモラルハザードの回避といった観点も総合的に勘案しつつ、債務減免等の要請について誠実に検討する。

ハ　上記イ、ロの対応策を講じてもなお、中小企業者の事業再生が困難で、中小企業者から、スポンサー支援を求める旨の申出を受けた場合

中小企業者の意向を踏まえつつ、適切なスポンサー支援の探索に可能な範囲で協力することが期待される。

ニ　中小企業者から廃業の申出を受けた場合

中小企業者から廃業の申出があった場合は、スポンサーへの事業譲渡による事業継続可能性も検討しつつ、中小企業者の再起に向けた適切な助言や中小企業者が廃業を選択するにあたっての取引先対応を含めた円滑な処理等への協力を含め、中小企業者自身や経営者を含む関係者にとって望ましいソリューション（第三部「5．廃業型私的整理手続」の適用を含む。）を提供するよう努める。その際、中小企業者の納得性を高めるための十分な説明に努めることとする。

3．私的整理検討時の留意点

（1）保証債務の整理

中小企業者の債務について私的整理手続を実施する場合において、当該債務にかかる保証人が保証債務の整理を図るときは、保証人は経営者保証に関するガイドラインを積極的に活用する等して、主債務と一体整理を図るよう努めることとする。なお、中小企業者が法的整理手続（第三部1．（1）において定義する。）を実施する場合も、保証人は経営者保証に関するガイドラインを活用する等して、当該保証債務の整理を行うことが望ましい。

（2）各種手続の選択並びに手続間の移行

中小企業者、金融機関が私的整理手続・法的整理手続を検討する場合、お

互いに誠実に協議し、中小企業者の置かれた状況等に適合した手続の利用が期待される。

また、中小企業者の選択した私的整理手続の協議が不調に終わり、結果的に法的整理手続や､他の私的整理手続に移行する場合がある。こうした場合、中小企業者の円滑な事業再生等を図るためにも、中小企業者と金融機関は双方誠実に協力し、手続間の円滑な移行に努めることとする。加えて、中小企業者と金融機関は、移行後の民事再生手続若しくは会社更生手続又は他の私的整理手続において、移行前の私的整理手続における合意事項又は同意事項等を法の趣旨に反しないことに留意しつつ尊重するものとする。

4．事業再生計画成立後のフォローアップ

（1）債務者である中小企業者の対応

① 事業再生計画の実行に向けた取組み

中小企業者は、自らの経営資源を最大限活用し、債務の条件緩和・債務減免等の前提となった事業再生計画の実行及び達成に誠実に努める。

② 金融機関への適時適切な状況報告

中小企業者は、事業再生計画の実行期間中は、その達成状況に関して、正確かつ丁寧に信頼性の高い経営情報等を開示･説明するとともに、開示･説明したのちに、事業再生計画・業績見通し等に重大な変動が生じた場合にも、自発的に報告するなど適時適切な開示・説明に努める。

（2）債権者である金融機関の対応

金融機関は、債務の条件緩和、債務減免等の実行後においても、必要に応じて連携先の実務専門家等と協力しながら、事業再生計画の達成状況を継続的にモニタリングするとともに、経営相談や経営指導を行うなど、達成状況を適切に管理する。また、進捗状況の管理を行っている間に、策定当初に予期しえなかった外部環境の大きな変化が生じた場合には、必要に応じて、事業再生計画の見直しの要否等について、中小企業者や連携先の実務専門家等とともに検討を行うとともに、そうした変化や見直しの必要性等を中小企業者が認識できるよう適切な助言を行った上で、計画の見直しを提案し、中小企業者や連携先と協働する。

（３）計画と実績の乖離が大きい場合の対応

有事において中小企業者・金融機関・実務専門家等が真摯に検討し、策定した事業再生計画であっても、その後、必ずしも計画通りに業績が推移するとは　限らない。そのため、事業再生計画実行開始年度から起算して、概ね３事業年度を経過するまでに、中小企業者と金融機関等は、事業再生計画の達成状況を確認することが望ましい。

達成状況を確認した結果、事業再生計画と過年度の実績の乖離が大きい場合、中小企業者と金融機関は、相互に協力して乖離の真因分析を行い、計画を達成するための対策について誠実に協議することとする。協議の上、当初計画の達成が困難と見込まれる場合は、経営規律の確保やモラルハザードの回避といった点を踏まえ、抜本的再生を含む計画の変更や、法的整理、廃業等への移行を行うことが望ましい

＜第三部＞　中小企業の事業再生等のための私的整理手続（中小企業版私的整理手続）

１．対象となる私的整理

（１）本ガイドライン第三部で以下に定める中小企業の事業再生等のための私的整理手続（以下「本手続」という。）は、準則型私的整理手続の一つである。即ち、経営困難な状況にある中小企業者である債務者を対象に、破産手続、民事再生手続、会社更生手続又は特別清算手続等の法的整理手続（以下「法的整理手続」という。）によらずに、債務者である中小企業者と債権者である金融機関等の間の合意に基づき、債務（主として金融債務）について返済猶予（以下、第三部において「債務返済猶予」という。）、債務減免等を受けることにより、当該中小企業者の円滑な事業再生や廃業を行うことを目的とする私的整理手続であり、中小企業者に対して金融債権を有する債権者で、後記４．及び５．に基づいて作成される事業再生計画（再生型の場合）や弁済計画（廃業型の場合）が成立した場合に権利を変更されることが予定されている対象債権者（なお、廃業型の場合、第一部３．の定めにかかわらず、リース債権者も対象債権者に含まれる。）が関わることを前提とするものである。

（2）本手続は、中小企業者の特性を考慮し策定した、中小企業者のための準則型私的整理手続に関する金融界･産業界のコンセンサスを得たものである。中小企業者が策定する事業再生計画案や弁済計画案の内容、その成立要件、計画成立のための手続、金融機関の対応及び計画成立後のモニタリングについては、他の準則型私的整理手続において具体的定めがない場合には、中小企業者及び対象債権者は、本手続を参照すべき拠り所として活用することが期待されている。本手続は、準則型私的整理手続を中小企業者に対して適用する場合に広く準用できる考え方を示すことを目指したものでもある。

2．本手続の基本的な考え方

（1）本手続は、中小企業者が私的整理を公正かつ迅速に行うための準則であり、金融界・産業界を代表する者が、中立公平な専門家、学識経験者などとともに、協議を重ねて策定したものであって、法的拘束力はないものの、債務者である中小企業者、債権者である金融機関等及びその他の利害関係人によって、自発的に尊重され遵守されることが期待されている。

（2）本手続における中小企業者の事業再生や廃業は、私的整理手続によった方が法的整理手続と比較し、事業価値や資産等の毀損が少ない等、中小企業者と対象債権者双方にとって相当性や合理性があることを前提としている。

（3）また、本手続は、対象債権者に債務返済猶予・債務減免等の協力を求める前提として、中小企業者自身が事業再生のための自助努力を行うことはもとより、自然災害や感染症の世界的流行等にも配慮しつつ、その経営責任を明確にすること、また、債務減免等を求める場合は、株主もその責任を明確にすることを予定している。なお、本手続は主に株式会社等が利用することを前提とし、手続のための各要件を定めているものの、個人である中小企業者が利用するにあたっては、本手続の趣旨に反しない限りにおいて、適宜、必要な範囲内の読替（例：株主責任等の適用有無）を行うことを妨げない。

（4）本手続は、公正衡平性の尊重及び透明性の確保を旨とする。

（5）対象債権者のうち、債務者に対する金融債権額が上位のシェアを占める債権者（金融債権額のシェアが最上位の対象債権者から順番に、そのシェアの合計額が５０％以上に達するまで積み上げげた際の、単独又は複数の対象債権者をいい、廃業型ではリース債権額も金融債権額に含まれる。以下「主要債権者」という。）は、中小企業者から本手続の利用を検討している旨の申出があったときは、誠実かつ迅速にこれを検討し、主要債権者と中小企業者は、相互に手続の円滑で速やかな進行に協力する。なお、主要債権者は、手続の初期段階から信用保証協会と緊密に連携・協力する。

（6）対象債権者は、本手続に誠実に協力する。

（7）対象債権者と中小企業者は、本手続の過程において共有した情報につき相互に守秘義務を負う。

3．本手続の適用対象となる中小企業者

（1）本手続のうち、「4．再生型私的整理手続」は、以下の全ての要件を充足する中小企業者に対して適用される。

① 収益力の低下、過剰債務等による財務内容の悪化、資金繰りの悪化等が生じることで経営困難な状況に陥っており、自助努力のみによる事業　再生が困難であること。

② 中小企業者が対象債権者に対して中小企業者の経営状況や財産状況に関する経営情報等を適時適切かつ誠実に開示していること。

③ 中小企業者及び中小企業者の主たる債務を保証する保証人が反社会的勢力又はそれと関係のある者ではなく、そのおそれもないこと。

（2）本手続のうち、「5．廃業型私的整理手続」は、以下の全ての要件を充足する中小企業者に対して適用される。

① 過大な債務を負い、既に発生している債務（既存債務）を弁済することができないこと又は近い将来において既存債務を弁済することができないことが確実と見込まれること（中小企業者が法人の場合は債務超過である場合又は近い将来において債務超過となることが確実と見込まれる場合を含む。）。

② 円滑かつ計画的な廃業を行うことにより、中小企業者の従業員に転職の機会を確保できる可能性があり、経営者等においても経営者保証に関するガイドラインを活用する等して、創業や就業等の再スタートの可能性があるなど、早期廃業の合理性が認められること。

③ 中小企業者が対象債権者に対して中小企業者の経営状況や財産状況に関する経営情報等を適時適切かつ誠実に開示していること。

④　中小企業者及び中小企業者の主たる債務を保証する保証人が反社会的勢力又はそれと関係のある者ではなく、そのおそれもないこと。

4．再生型私的整理手続

（1）再生型私的整理の開始

①　中小企業者は、本手続の利用を検討する場合、必要に応じて専門家（弁護士、公認会計士、税理士、中小企業診断士等の専門家をいう。以下「外部専門家」という。）と相談しつつ、第三者である支援専門家（弁護士、公認会計士等の専門家であって、再生型私的整理手続及び廃業型私的整理手続を遂行する適格性を有し、その適格認定を得たものをいう。以下「第三者支援専門家」という。）の候補者を公表されたリストから選定する。

②　中小企業者は、主要債権者に対して、再生型私的整理手続を検討している旨を申し出るとともに、第三者支援専門家の選任について、主要債権者全員からの同意を得る（第三者支援専門家は、中小企業者及び対象債権者との間に利害関係を有しない者とする。）。なお、上記①にかかわらず、対象債権者全員から同意を得た場合は、リストにない第三者支援専門家を選定することも可とする。

③　中小企業者は、第三者支援専門家に支援を申し出ることができ、第三者支援専門家は、中小企業者からの申出に対して、誠実に対応する。第三者支援専門家は、主要債権者の意向も踏まえて、再生支援を行うことが不相当ではないと判断した場合には、中小企業者の資産負債及び損益の状況の調査検証や事業再生計画策定の支援等を開始する。

（2）一時停止の要請

中小企業者は、上記③以降のいずれかのタイミングで、資金繰りの安定化のために必要があるときは、対象債権者に対して一時停止の要請を行うことができ、対象債権者は、以下の全ての要件を充足する場合には、一時停止の要請に、誠実に対応するものとする。

①　一時停止要請が書面によるものであり（但し、全ての対象債権者の同意がある場合はこの限りでない。）、かつ、全ての対象債権者に対して同時に行われていること。

②　中小企業者が、手続開始前から債務の弁済や経営状況・財務状況の開示

等に誠実に対応し、対象債権者との間で良好な取引関係が構築されていること。

③　事業再生計画案に債務減免等の要請が含まれる可能性のある場合は、再生の基本方針が対象債権者に示されていること（債務減免等の要請を含まない事業再生計画案を作成することが見込まれる場合は、その旨を一時停止の要請書面に記載すること。）。

（３）事業再生計画案の立案

①　中小企業者は、自ら又は外部専門家から支援を受ける等して、相当の期間内に、後記（４）記載の内容を含む事業再生計画案を作成する。

②　中小企業者、外部専門家、第三者支援専門家及び主要債権者は、経営・財務及び事業の状況に関する調査分析や事業再生計画案作成の進捗状況に応じて適宜協議・検討を行う。この協議・検討には、必要に応じて、主要債権者以外の対象債権者、スポンサー候補者等も参加させることができる。

（４）事業再生計画案の内容

①　事業再生計画案は、次の内容を含むものとする。

イ　自助努力が十分に反映されたものであるとともに、以下の内容を含むものとする。

・企業の概況
・財務状況（資産・負債・純資産・損益）の推移
・保証人がいる場合はその資産と負債の状況（債務減免等を要請する場合）
・実態貸借対照表（債務返済猶予の場合は必須としない）
・経営が困難になった原因
・事業再生のための具体的施策
・今後の事業及び財務状況の見通し
・資金繰り計画（債務弁済計画を含む）
・債務返済猶予や債務減免等（以下、併せて「金融支援」という）を要請する場合はその内容

ロ　実質的に債務超過である場合は、事業再生計画成立後最初に到来する事業年度開始の日から５年以内を目途に実質的な債務超過を解消する内容とする（企業の業種特性や固有の事情等に応じた合理的な理由がある

場合には、これを超える期間を要する計画を排除しない。)。

ハ　経常利益が赤字である場合は、事業再生計画成立後最初に到来する事業年度開始の日から概ね３年以内を目途に黒字に転換する内容とする（企業の業種特性や固有の事情等に応じた合理的な理由がある場合には、これを超える期間を要する計画を排除しない。)。

ニ　事業再生計画の終了年度（原則として実質的な債務超過を解消する年度）における有利子負債の対キャッシュフロー比率が概ね１０倍以下となる内容とする（企業の業種特性や固有の事情等に応じた合理的な理由がある場合には、これを超える比率となる計画を排除しない。)。

ホ　対象債権者に対して金融支援を要請する場合には、経営責任の明確化を図る内容とする。また、債務減免等を要請する場合には、株主責任の明確化を図る内容とするとともに、経営者保証があるときは、保証人の資産等の開示と保証債務の整理方針を明らかにすることとする。

ヘ　事業再生計画案における権利関係の調整は、債権者間で平等であることを旨とし、債権者間の負担割合については、衡平性の観点から、個別に検討する。

ト　債務減免等を要請する内容を含む事業再生計画案である場合にあっては、破産手続で保障されるべき清算価値よりも多くの回収を得られる見込みがある等、対象債権者にとって経済合理性があることとする。なお、債務減免等を必要とする場合の減免を求める額（ＤＥＳ総額を含む。）の算定については、その前提となる情報等について誠実に開示するものとする。

チ　必要に応じて、地域経済の発展や地方創生への貢献、取引先の連鎖倒産回避等による地域経済への影響も鑑みた内容とする。

② 上記①の規定にかかわらず、小規模企業者が債務減免等の要請を含まない事業再生計画案を作成する場合には、次のイ及びハ、又はロ及びハの内容を含むことにより、上記①のロからニの内容を含めないことができるものとする。

イ　計画期間終了後の業況が良好であり、かつ、財務内容にも特段の問題がない状態等となる計画であること

ロ　事業再生計画成立後２事業年度目（事業再生計画成立年度を含まな

い。）から、３事業年度継続して営業キャッシュフローがプラスになること。

ハ　小規模企業者が事業継続を行うことが、小規模企業者の経営者等の生活の確保において有益なものであること。

（５）事業再生計画案の調査報告

①　第三者支援専門家は、債務者である中小企業者及び対象債権者から独立して公平な立場で事業の収益性や将来性等を考慮して、事業再生計画案の内容の相当性及び実行可能性等について調査し、原則として調査報告書を作成の上、対象債権者に提出し報告する。なお、債務減免等を要請する内容を含む事業再生計画案の場合は、調査報告書の作成は必須とし、かつ、その際の第三者支援専門家には弁護士が必ず含まれるものとする。

②　調査対象は、次のイからニの内容を含むものとし、債務減免等を要請する内容を含む事業再生計画案の場合、イからホの内容を含むものとする。また、事業再生計画案に記載がある場合は、へを含むものとする。

イ　事業再生計画案の内容の相当性（中小企業者が３.（１）の要件に該当することを含む。）

ロ 事業再生計画案の実行可能性

ハ 金融支援の必要性

ニ 金融支援の内容の相当性と衡平性

ホ 破産手続で保障されるべき清算価値と比較した場合の経済合理性（私的整理を行うことの経済合理性）

へ 地域経済への影響

（６）債権者会議の開催と事業再生計画の成立

①　中小企業者により事業再生計画案が作成された後、中小企業者、主要債権者及び第三者支援専門家が協力の上、原則として全ての対象債権者による債権者会議を開催する。債権者会議では、対象債権者全員に対して、事業再生計画案を説明し、第三者支援専門家は、債権者会議で、対象債権者全員に対し、事業再生計画案の調査結果を報告するとともに、事業再生計画案の説明、質疑応答及び意見交換を行い、対象債権者が再生計画案に対する同意不同意の意見を表明する期限を定める。なお、債権者会議を開催せず､事業再生計画案の説明等を持ち周りにより実施することは妨げない。

② 事業再生計画案に対して不同意とする対象債権者は、速やかにその理由を第三者支援専門家に対し誠実に説明するものとする。

③ 中小企業者、主要債権者及び第三者支援専門家は、対象債権者等と協議の上、必要に応じて事業再生計画案を修正し、対象債権者の合意形成に努める。

④ 全ての対象債権者が、事業再生計画案について同意し、第三者支援専門家がその旨を文書等により確認した時点で事業再生計画は成立し、中小企業者は事業再生計画を実行する義務を負担し、対象債権者の権利は、成立した事業再生計画の定めによって変更され、対象債権者は、金融支援など事業再生計画の定めに従った処理をする。

⑤ 事業再生計画案について全ての対象債権者から同意を得ることができないことが明確となった場合は、第三者支援専門家は、本手続を終了させるものとする。なお、本手続が終了したときは、対象債権者は一時停止を終了することができる。

（7）保証債務の整理

中小企業者の債務について再生型私的整理手続（債務減免等の要請を含む事 業再生計画に限る。）を実施する場合において、当該債務にかかる保証人が保証債務の整理を図るときは、保証人は、誠実に資産開示をするとともに、原則として、経営者保証に関するガイドラインを活用する等して、当該主債務と保証債務の一体整理を図るよう努めることとする。

（8）事業再生計画成立後のモニタリング

① 事業再生計画達成状況等のモニタリング

イ 外部専門家や主要債権者は、事業再生計画成立後の中小企業者の事業再生計画達成状況等について、定期的にモニタリングを行う。但し、債務減免等の要請を含まない事業再生計画の場合には、主要債 権者が中小企業者の協力を得て、モニタリングを行うことで足りる。

ロ モニタリングの期間は、原則として事業再生計画が成立してから概ね３事業年度（事業再生計画成立年度を含む。）を目途として、企業の状況や事業再生計画の内容等を勘案した上で決算期を考慮しつつ、必要な期間を定めるものとする。

ハ 主要債権者は、モニタリングの結果を踏まえ、中小企業者に対し、事業再生計画の達成に向けた助言を行う。

ニ　主要債権者は、モニタリングの期間が終了したときには、中小企業者の事業再生計画達成状況等を踏まえ、その後のモニタリングの要　否を判断する。

②　事業再生計画の変更等

上記①イのモニタリングの結果、事業再生計画と実績の乖離が大きい場合、中小企業者・主要債権者は乖離の真因分析を行うこととする。その上で、中小企業者・主要債権者は、経営規律の確保やモラルハザードの回避といった点を踏まえつつ、その真因分析を踏まえた対応、例えば、事業再生計画の変更や抜本再建、法的整理手続、廃業等への移行を行うことを検討する。また、廃業を選択することが適切と中小企業者及び主要債権者が判断する場合には、中小企業者と主要債権者双方が誠実に協力し、「５．廃業型私的整理手続」の利用の検討を含めて、手続間の円滑な移行に努めることとする。

（９）廃業型私的整理手続との関係

再生型私的整理手続を検討する過程において、第三者支援専門家や主要債権者が事業の継続可能性が見込まれないと判断し、かつ、中小企業者からも廃業の申出があった場合は、中小企業者、第三者支援専門家、主要債権者は協力の上、「５．廃業型私的整理手続」の適用も含めて、可能な対応を行う。また、再生型私的整理手続から廃業型私的整理手続に移行する場合で、かつ、主要債権者全員からの合意を得たときは、中小企業者及び外部専門家は、廃業型私的整理手続の途中段階（例：弁済計画案の策定等）から手続を行うことができ、併せて、必要に応じて、再生型私的整理手続の検討時において関与した第三者支援専門家の支援を継続して得ることができる。

５．廃業型私的整理手続

（１）廃業型私的整理の開始

①　中小企業者は、外部専門家とともに、主要債権者に対して、廃業型私的整理手続を検討している旨を申し出ることができる。

②　外部専門家は、主要債権者の意向を踏まえて、中小企業者の資産負債及び損益の状況の調査検証や弁済計画策定の支援等を開始する。

③　中小企業者及び外部専門家は、必要に応じて、上記②以降のタイミングで、主要債権者全員からの同意を得た場合は、一時停止の要請を行うことができ、対象債権者は、以下の全ての要件を充足する場合には、一時停止要請に、誠実に対応するものとする。なお、対象債権者が一時停止に応じた場合、中小企業者及び外部専門家は、相当の期間内に後記(3)の弁済計画案を策定し対象債権者に提示するものとし、これが適切になされない場合や、弁済計画案の策定状況について対象債権者からの求めに応じた適切な経過報告がなされない場合には、対象債権者は一時停止を終了することができる。

イ　一時停止要請が書面によるものであり（但し、全ての対象債権者の同意がある場合はこの限りではない。)、かつ、全ての対象債権者に対して同時に行われていること。

ロ　中小企業者が、手続開始前から債務の弁済や経営状況・財務情報の開示等に誠実に対応し、対象債権者との間で良好な取引関係が構築されていること。

（2）弁済計画案の立案

①　中小企業者は、自ら又は外部専門家から支援を受ける等して、相当の期間内に、廃業に向けて資産の換価等必要な対策を立案し、弁済計画案を作成する。

②　中小企業者、外部専門家及び主要債権者は、経営・財務及び事業の状況に関する調査分析や弁済計画案作成の進捗状況に応じて適宜協議・検討を行う。この協議・検討には、必要に応じて、主要債権者以外の対象債権者も参加させることができる。

（3）弁済計画案の内容

①　弁済計画案は、次の内容を含むものとする。

イ　自助努力が十分に反映されたものであるとともに、以下の内容を含むものとする。

・企業の概況
・財務状況（資産・負債・純資産・損益）の推移
・保証人がいる場合はその資産と負債の状況
・実態貸借対照表

・資産の換価及び処分の方針並びに金融債務以外の債務の弁済計 画、対象債権者に対する金融債務の弁済計画

・債務減免等を要請する場合はその内容

ロ　弁済計画案における権利関係の調整は、対象債権者間で平等であることを旨とし、債権者間の負担割合については、衡平性の観点から、個別に検討する。

ハ　破産手続で保障されるべき清算価値よりも多くの回収を得られる見込みがある等、対象債権者にとって経済合理性があることとする。

ニ　必要に応じて、破産手続によるよりも、当該中小企業者の取引先の連鎖倒産を回避することができる等、地域経済に与える影響も鑑みた内容とする。

（4）弁済計画案の調査報告

①　中小企業者は、外部専門家とともに、第三者支援専門家の候補者を公表されたリストから選定する。

②　中小企業者は、第三者支援専門家の選任について、主要債権者全員からの同意を得る（なお、第三者支援専門家は、中小企業者及び対象債権者との間に利害関係を有しない者とする。）。なお、上記①にかかわらず対象債権者全員から同意を得た場合は、リストにない第三者支援専門家を選定することも可とする。

③　中小企業者は、第三者支援専門家に支援を申し出ることができ、第三者支援専門家は、中小企業者からの申出に対して、誠実に対応する。第三者支援専門家は、債務者である中小企業者及び対象債権者から独立して公平な立場で弁済計画案の内容の相当性及び実行可能性等について調査　し、調査報告書を作成の上、対象債権者に提出し報告する。なお、債務減免等を要請する内容を含む弁済計画案の場合は、第三者支援専門家には弁護士が必ず含まれるものとする。

④　調査対象は、次の内容を含むものとする。また、弁済計画案に記載がある場合は、トを含むものとする。

イ　廃業の相当性（中小企業者が3．（2）の要件に該当することを含む。）

ロ　弁済計画案の内容の相当性

ハ　弁済計画案の実行可能性

ニ　債務減免等の必要性

ホ　債務減免等の内容の相当性と衡平性

ヘ　破産手続で保障されるべき清算価値と比較した場合の経済合理性（私的整理を行うことの経済合理性）

ト　地域経済への影響

（5）債権者会議の開催と弁済計画の成立

①　中小企業者により弁済計画案が作成された後、中小企業者、主要債権者及び第三者支援専門家が協力の上、原則として全ての対象債権者による債権者会議を開催する。債権者会議では、対象債権者全員に対して、弁済計画案を説明し、第三者支援専門家は、債権者会議で、対象債権者全員に対し、弁済計画案の調査結果を報告するとともに、弁済計画案の説明、質疑応答及び意見交換を行い、対象債権者が弁済計画案に対する同意不同意の意見を表明する期限を定める。なお、債権者会議を開催せず、弁済計画案の説明等を持ち周りにより実施することは妨げない。

②　弁済計画案に対して不同意とする対象債権者は、速やかにその理由を第三者支援専門家に対し誠実に説明するものとする。

③　全ての対象債権者が、弁済計画案について同意し、第三者支援専門家がその旨を文書等により確認した時点で弁済計画は成立し、中小企業者は弁済計画を実行する義務を負担し、対象債権者の権利は、成立した弁済計画の定めによって変更され、対象債権者は、債務減免等など弁済計画の定めに従った処理をする。

④　弁済計画案について全ての対象債権者から同意を得ることができないことが明確となった場合は、第三者支援専門家は、本手続を終了させるものとする。なお、本手続が終了したときは、対象債権者は一時停止を終了することができる。

（6）保証債務の整理

中小企業者の債務について廃業型私的整理手続を実施する場合において、当該債務にかかる保証人が保証債務の整理を図るときは、誠実に資産開示をするとともに、原則として、経営者保証に関するガイドラインを活用する等して、当該主債務と保証債務の一体整理を図るよう努めることとする。

（7）弁済計画成立後のモニタリング

外部専門家と主要債権者は、弁済計画成立後の中小企業者による計画達成状況等について、モニタリングを行う。

<附則>

1．本ガイドラインは、令和４年４月１５日から適用することとする。

2．本ガイドラインに基づく取扱いを円滑に実施するため、中小企業者、金融機関及び行政機関等は、広く周知等が行われるよう所要の態勢整備に早急に取り組むとともに、各々の準備が整い次第、本ガイドラインに即した対応を開始することとする。

以　上

一般社団法人 金融検定協会認定
事業性評価検定試験
模擬問題集　24年度試験版　〈検印省略〉

2024年３月30日　24年度試験版発行
１刷　2024年３月30日

編者　金融検定協会

発行者　星野　広友

発行所　株式会社銀行研修社
東京都豊島区北大塚３丁目10番５号
電話　東京　03(3949)4101(代表)
振替　００１２０－４－８６０４

印刷／株式会社キンダイ
製本／(株)中永製本所
落丁・乱丁はおとりかえいたします。
ISBN978-4-7657-4709-7 C3033